이창훈 기자, 발로 쓴

성 김대건 신부

이창훈 기자, 발로 쓴

성 김대건 신부

서교출판사

|차 례|

제1부 | 김대건 신부의 발자취를 따라서

제1장 마카오에서 훈춘까지

제2장 나바위에서 미리내까지

발로 쓴 성인 순례기

한국천주교회는 2020년 11월 29일부터 성 김대건 안드레아 신부님 탄생 200주년 희년을 경축하며 지내왔습니다. 2021년 11월 27일로 성인의 탄생 200주년 희년은 끝났습니다만, 그 끝은 새로운 시작으로 이어집니다. 그것은 175년 전 순교한 성인의 삶과 정신을 바로 지금 여기 삶의 현장에서 되살려서 지속하는 것입니다.

성인은 어린 시절 박해를 피해 고향을 떠나 피란살이를 하며 신앙을 키웠습니다. 15살 때에는 사제의 꿈을 안고 부모와 친지를 떠나 이역만리로 유학을 떠났습니다. 갖은 고초를 겪으며 10년 만에 조선 교회의 첫 사제가 되어 돌아왔으나, 불과 6개월 남짓한 사목 활동을 끝으로 체포돼 순교의 월계관을 받았습니다. 성인은 25년이라는 짧은 생애를 살

앉지만, 그 삶은 한 편의 드라마처럼 파란만장하고 역동적이었습니다.

《이창훈 기자, 발로 쓴 성 김대건 신부》는 그 파란만장하고 역동적인 성인의 삶을 성인이 몸담고 거쳐 갔던 역사의 현장을 직접 찾아다니며 쓴 '순례기'입니다. 이창훈(알폰소) 형제가 과거 가톨릭평화신문 기자 시절인 25년 전 김대건 성인 순교 150주년 특집 기획으로 〈김대건과 함께 가는 길〉이라는 제목을 달아 15회에 걸쳐 가톨릭평화신문에 연재한 내용이 이 책의 바탕을 이루고 있습니다.

25년 전에 취재하고 쓴 글이지만, 시간의 벽을 넘어 오늘에도 여전히 생생한 감동과 울림을 줍니다. 이 기자는 성인이 거쳐 갔던 그 현장에 서서 성인의 심경을 헤아리면서 그것이 오늘의 우리 교회와 신자들에게 주는 의미가 과연 무엇인지를 진지하게 성찰합니다. 글의 한편 한편이 현장감 넘치고 박진감 있게 읽힐 뿐만 아니라 다음 편을 기대하게 해주는 맛도 있습니다.

김대건 성인 탄생 200주년을 지내면서 코로나19 팬데믹 때문에 해외는 물론 국내의 성지순례조차 제대로 하지 못한 아쉬움이 매우 컸습니다. 그 아쉬움을 이 책이 어느 정도는 달래 주리라고 기대합니다. 또한, 김대건 성인과 관련한 성지를 순례하는 데에도 이 책이 매우 유익한 길잡이가 되리라고 생각합니다.

1846년 9월 16일 새남터 형장에서 25살 젊은 나이로 칼을 받기 직전에 성인이 외쳤던 고백이 우리 가슴을 울립니다. "나는 천주를 위해 죽는 것입니다. 영원한 생명이 내게 시작되려고 합니다. 여러분이 죽은 뒤에 행복하기를 원하면 천주교를 믿으십시오." 이 책의 도움으로 성인의 이런 굳건한 믿음과 확고한 희망이 한 줄기 불꽃이 되어 우리 마음 안에서 타오르기를 바랍니다.

한국천주교주교회의 평신도사도직위원회 위원장

손희송 베네딕토 주교

성인의 '진짜 벗' 되는 데
보탬 되기를

성 김대건 안드레아 신부님 탄생 200주년 희년을 시작하면서 평신도 사도직 단체들의 협의체인 평협은 희년을 더욱 뜻있게 지내고자 하느님 백성 제자리 찾기를 통한 신앙 쇄신과 실천 운동을 벌여왔습니다. 2021년 한 해 각 교구평협과 회원 단체 그리고 수많은 개별 평신도의 적극적인 참여 속에 진행된 가난한 나라에 백신 보내기 운동 역시 희년 정신을 실천하는 일환이었습니다.

그런데 희년을 마무리하는 시간이 다가오면서 뭔가 조금 허전하다는 느낌을 지울 수 없었습니다. 여러 가지 이유가 있겠지만, 그중 하나는 성인의 삶과 정신을 좀 더 생생하게 더듬고 되새기는 시간을 제대로 갖지 못해서가 아닐까 합니다.

사실 서울 평협은 김대건 성인 탄생 200주년을 앞두고 성인의 해외 발자취를 따라가는 중국 순례 계획을 두 차례나 세워 추진한 바 있습니다. 하지만 코로나 19 팬데믹의 영향으로 중국 순례는 말할 것도 없고 국내 순례조차 제대로 하지 못하고 말았습니다. 한국 평협에서도 각 교구를 순회하며 개최하는 상임위원회나 연수 때면 해당 교구의 성지를 순례하는 시간을 갖곤 했지만, 이 역시 코로나 19 확산에 따른 거리두기로 전혀 갖지 못했습니다.

평협에서 오랫동안 봉사하고 있는 이창훈(알폰소) 평신도사도직연구소장이 최근 카톡방에 올린 글들을 보게 되었습니다. 가톨릭평화신문 기자 시절인 25년 전 김대건 신부님 순교 150주년에 성인의 발자취를 따라 국내외 해외 현장을 직접 취재하며 쓴 연재물이었습니다. 25년 전에 쓴 글이지만 성인의 생애를 돌아보며 그 정신을 되새기는 데에 부족하지 않았습니다. 또 영상을 보듯이 역사의 현장을 생생하게 그려볼 수 있게 해주었습니다.

그런데 그 글들을 책으로 내면 어떻겠느냐고 의견을 물어와 환영하면서 권유했습니다. 김대건 신부님의 발자취를 따라가면서 그분의 삶과 영성을 묵상하는 데 도움이 될 뿐 아니라 신부님과 관련한 국내외 성지를 순례할 때도 좋은 길잡이가 될 수 있다고 보았기 때문입니다. '김대건 신부의 벗들' 이야기는 덤으로 얻는 소소한 즐거움입니다.

《이창훈 기자, 발로 쓴 성 김대건 신부》는 단지 성인의 과거 발자취를 더듬는 것으로 그치지 않습니다. 성인의 삶이 오늘을 살아가는 우리에게 주는 의미가 무엇인지를 거듭해서 묻고 있기 때문입니다. 이 물음에 대한 답은 우리 각자에게 주어진 몫입니다.

이 책이 그 물음을 진지하게 성찰하고 답을 얻는 데 도움이 되었으면 합니다. 그리하여 오늘에도 김대건 신부님의 '진짜 벗'이 더욱 많아지기를 바랍니다.

한국천주교 평신도사도직단체협의회 회장

손병선 아우구스티노

용기를 내어 서둘렀습니다

        김대건 성인 탄생 200주년 희년에 맞이한 9월 순교자 성월의 어느 일요일 아침이었습니다. 서울대교구 순교자현양위원회 월보에 쓸 원고를 준비하던 중 불현듯 25년 전에 썼던 성인에 관한 글들이 떠올랐습니다.

    1996년 김대건 성인 순교 150주년을 기념하던 해였습니다. 뒤늦게 시작한 기자 생활이 7년 차에 접어들었던 저는 평화방송·평화신문 창립 8주년 특집 기획으로 성인의 순교 150주년을 맞아 성인의 해외 발자취를 더듬는 단독 취재를 다녀왔습니다. 남쪽 마카오에서부터 대륙을 거슬러 올라가 두만강 접경 지역의 훈춘까지 김대건 성인이 갔던 길을 따라가는 취재였습니다.

20일간의 취재를 바탕으로 평화신문 창간 8주년을 맞아 1996년 5월 12일 자(제379호)부터 8회에 걸쳐 '성 김대건과 함께 가는 길-마카오에서 두만강까지'라는 제목으로 김대건 성인 순교 150주년 기념 특집 기사를 연재했습니다. 이 기획의 후속으로 그해 가을에는 '성 김대건과 함께 가는 길-나바위에서 미리내까지'라는 제목으로 모두 7회에 걸쳐 평화신문에 연재 기사를 썼습니다. '마카오에서 두만강까지'가 국외 편이었다면, '나바위에서 미리내까지'는 성인의 발자취를 더듬는 국내 편이었던 셈입니다.

　25년 전에 쓴 초고를 꺼내어 읽어내려가다 보니 감회가 새로웠습니다. 다른 분들이 글을 한번 보시게 하면 어떨까 하는 생각에서 단체 카톡방 몇 곳에 글 한 편을 올렸습니다. 반응이 괜찮았습니다. 용기를 내어 순교자 성월 남은 기간에 계속해서 매일 한 편씩 올렸습니다. 몇몇 분이 작은 책으로라도 내면 어떻겠느냐 하는 의견을 주셨습니다. 25년 전에 취재하고 쓴 글이어서 배경과 분위기는 바뀌었지만, 나누고자 하는 메시지는 여전히 울림이 있다고 격려해 주셨습니다.

　용기를 내어 책을 만들기로 했습니다. 제가 30년 동안 기자로 몸담았던 가톨릭평화방송·평화신문에서는 흔쾌히 허락하며 필요한 협조를 아끼지 않았습니다. 조정래 사장 신부님을 비롯한 관계자 여러분에게 깊이 감사드립니다. 기꺼운 마음으로 출판을 맡아주신 김정동 서교출판사 대표께도 감사 인사를 드립니다.

　책은 2부 4장으로 구성했습니다. 1부에서는 25년 전 평화신문에 연

재했던 15편을 부분적으로 수정하고 보완해서 1장(국외 편)과 2장(국내
편)으로 나눠 실었습니다. 2부에서는 '다시 돌아보는 생애'라는 제목으
로 2010년 평화신문에 5회 연재한 기사와 올 한 해 교구 순교자현양위
원회 월보에 '김대건 신부의 벗들'이라는 제목으로 쓴 글 10편을 다시
손질해 각각 3장과 4장에 담았습니다. 월보에 썼던 글들을 보탬으로써
비로소 책이 모양을 갖출 수 있게 되었습니다. 이 기회에 교구 순교자현
양위원회에도 감사드립니다.

선뜻 추천사를 써 주신 주교회의 평신도사도직위원회 위원장 손희송
주교님과 책을 낼 수 있도록 격려를 아끼지 않으신 손병선 한국평협 회
장님께 각별한 마음으로 인사를 드립니다.

서둘러 낸 책이 부족하지만 성인을 알고 배우는 데 조금이나마 보탬
이 되기를 바랄 뿐입니다.

2021년 11월
이창훈 알폰소

| 일러두기

* 이 책에서 인용한 김대건 성인의 서한과 성인 관련 연도는 일차적으로 《성 김 대건 안드레아 신부의 서한》(한국교회사연구소, 2020)을 따랐다.

* 1부에 나오는 관련 성지나 장소에 대한 설명이나 묘사는 1996년 상황이어서 오늘과는 다르다. 필요한 경우에는 각주에서 보충 설명을 시도했다.

* 사진들은 대부분 가톨릭평화신문 자료 사진들이며, 몇몇 분의 도움도 받았 다. 103위 성인 관련 사진은 저작권자인 주교회의(CBCK)의 허락을 받았다.

* 인명과 지명은 외래어 표기법에 따랐다. 그러나 가톨릭 용어(인명 포함)는 가톨릭교회의 표기 원칙을, 중국의 지명과 인명은 우리의 한자 표기 발음을 따랐다.

* 이 책에서 원용한 참고자료는 다음과 같다
  - 샤를르 달레 저, 안응렬 최석우 역주 《한국천주교회사》 (중, 하)(한국교회사연구소)
  - 한국교회사연구소, 《한국천주교회사》 2. 3
  - 성 김대건 안드레아 신부님 탄생 200주년 희년 기념 자료집 제1집 《성 김대건 안드레아 신부의 서한》(한국교회사연구소 2020)
  - 배티 사적지 편, 최양업 신부의 전기 자료집 제2집 《스승과 동료 성직자들의 서한》(천주교 청주교구 1997)
  - 배티 사적지 편, 최양업 신부의 전기 자료집 부록 《기해 병오박해 순교자들의 행적》(천주교 청주교구 1997)
  - 한국교회사연구소, 《교회사연구 제8집》(1992)
  - 한국교회사연구소, 《교회사연구 제12집》(1997)
  - 한국교회사연구소, 《교회와 역사 제479호》(2015년 4월)
  - 한국교회사연구소, 《교회사 역사 제480호》(2015년 5월)
  - 한국교회사연구소, 《한국가톨릭대사전》

제1부
김대건 신부의
발자취를 따라서

제 1 장

마카오에서
훈춘까지

아쉬움을 안고 돌아서는 길에 만주 평야의 모진 바람이 분다.
운전대를 놓으면 차체가 흔들릴 정도의 거센 바람이다.
그 바람을 헤치며 다시 성인의 발자취를 좇아 떠난다.
성인은 한겨울에 나무 썰매를 타고 눈길을 헤쳐갔지만,
나는 털털거리는 택시를 타고 바람 속을 헤쳐간다.

1. 마카오
옛 극동대표부를 찾아서

1996년 4월 10일 김포국제공항. 마카오행 KAL 613편은 출발 예정 시각보다 20분가량 늦게 활주로를 향해 미끄러지기 시작한다. 거대한 동체가 공중으로 살짝 솟구쳐오르는 순간 무심코 굴리던 묵주 알에 불끈 힘이 쥐어졌다. 아득히 내려다보이던 산하가 구름 아래로 자취를 감추면서 설렘과 긴장으로 다소 흥분되어 있던 마음이 조금씩 안정을 찾는다. 끝없이 펼쳐진 구름 위를 날면서 머릿속은 한 세기 반을 되돌아가 헤집는다.

1836년 12월 2일 조선의 수도 한성. 푸른 눈에 도포를 입은 긴 구레나룻의 서양인 선교사 앞에 세 소년이 무릎을 꿇고 있다. 이윽고 이들은 십자가와 성서에 손을 얹고 엄숙한 서약을 한다. 한국 최초의 신학생이 탄생하는 순간이다. 15세 동갑의 이 세 소년은 최방제, 최양업, 김대건이었고, 벽안의 선교사는 모방(P.P. Maubant, 1803~1839, 성인) 신부였다.

이들은 이튿날 중국으로 귀환하는 유방제(파치피코, 1975~1854) 신부와 정하상(바오로, 1795~1839, 성인) 조신철(가롤로, 1795~1839, 성인) 등 신자 안내원들을 따라 의주 변문으로 향했고, 12월 28일 요동 땅에서 조선 입국의 기회를 보고 있던 샤스탕(J.H. Chastan, 1803~1839, 성인) 신부 댁에 다다른다. 그리고 다시 중국 안내원을 따라 북경과 제남, 남경, 항주, 복주, 광동을 거쳐 마침내 1837년 6월 7일 마카오에 도착한다.

이들이 서울에서 마카오까지 걸어서 간 길은 오늘날 발달한 육로 도로망으로도 계산해도 5천km가 훨씬 넘는다. 그 여정을 가는 데 세 소년은 7개월이라는 긴 세월이 걸렸다. 엄동설한의 초입에 떠난 고국, 그리고 계절이 두 번 바뀌어 도착한 마카오. 15세 소년들이 겪어야 했던 그 엄청난 고초들이 눈앞에 아른거리며 피어오른다. 그 길을 불과 3시간 40분 만에 간다. 기술문명에 대한 고마움이 새삼스럽게 다가온다.

마카오. 중국대륙 한쪽 끝자락의 조그만 땅덩어리와 콜로아네와 타이파 등 인근 두 개의 섬으로 이루어진 곳. 넓이 19.3㎢에 주민 수

40만 명에 불과한 작은 도시다.

　오늘날 우리에게 도박과 관광의 도시로 알려진 마카오는 19세기 중엽까지만 해도 서양 선교사들의 극동 선교 거점도시로서 가톨릭 문화를 화려하게 꽃피웠던 곳이다. 더욱이 당시 마카오에는 조선교구를 관할하는 파리외방전교회 극동대표부가 자리하고 있었다. 요동 땅의 샤스탕 신부가 세 소년의 신학 교육을 마카오에서 시키기로 한 것도 그 때문이었으리라. 김대건을 비롯한 세 소년은 1837년부터 1842년 초까지 햇수로 6년간을 이곳 극동대표부에서 수학했다. 김대건 성인의 해외 발자취를 좇는 첫 출발지를 마카오로 잡은 것은 공부하던 그 역사의 현장을 찾아 성인의 숨결을 가슴 깊이 느껴보기 위해서였다.

　파리외방전교회의 옛 극동대표부 자리를 찾는 일은 뜻밖에도 쉽사리 풀려나갔다. 초행인데다 현지 전문 가이드 없이 홀로 나선 여정이었기에 마카오 국제공항청사의 한 여행사에서 입수한 마카오 지도를 유일한 길잡이로 삼아 먼저 마카오 교구청을 찾았다. 교구장 도미니코 램(林家駿) 주교를 만나 마카오 방문 취지를 설명한 후 도움을 요청했더니, 교구 총대리 클라우디오 로(羅啓瑞) 신부를 소개해준다. 로 신부는 교구청에서 도보로 15분 거리에 있는 성 안토니오 성당으로 인도했다. 성당 안으로 들어섰다. 뜻밖에도 제대 왼쪽에 김대건 성인의 목상이 서 있는 것이 아닌가.

　반가웠다. 성인의 발자취를 좇아 나서겠다고 시작한 그 순례의 여정. 행여나 제대로 찾지 못하면 어떻게 하나 하고 우려했는데 시작이 순조로운 셈이었다. 2~3년 전 홍콩의 우리 교포 신자들이 서울에서 목상을 제작해 이곳

김대건 성인의 유해를 들고 있는 클라우디오 로 신부.

안토니오 성당에 기증했다고 설명한 로 신부는 다시 제대 중앙으로 안내한다. 제대 밑에는 석판이 놓여 있었고 거기에는 '성 안드레아 김대건, 우리를 위하여 빌으소서'라는 글귀가 라틴어와 한자로 적혀 있었다. 석판을 들추어내자 놀랍게도 성인의 유해가 모셔져 있었다. '순교자 성 안드레아 김대건의 발뼈'라는 라틴어 문구와 함께.

그 발이었다. 목자의 뜻을 품고서 만 리 길을 걸어온 바로 그 발이었다. 7개월의 장정에 부르트고 부어올랐던 그 발을 지탱하던 뼛조각이었다. 1989년인가 1990년에 서울을 방문했을 때 기증받아 모신 것이라는 설명은 귓전으로 흘려보낸 채 상념은 계속된다. 16세 소년의 꿈과 애환이 서려 있는 이곳 마카오에 성인은 어쩌면 생전에 다시 한번 오고 싶었으리라. 박해로 얼룩진 조국의 상황이 살아서 이곳을 찾게 하지는 못했지만, 당신이 성인의 반열에 든 후 마침내 그 뜻을 이루게 되었구나.

성당 밖으로 나오니 마당 한쪽에 1633년이라는 숫자가 새겨져 있다. 안토니오 성당의 건립 연도다. 포르투갈 교구 사제들이 건립한 성당이라고 한다.

마카오의 안토니오 성당. 왼쪽 뒤로 보이는 건물 자리에 극동대표부가 있었다.

성인이 수학했던 극동대표부 자리는 성당 바로 건너편에 있었다. 원래는 바로크식의 2층 석조 건물이었는데 1847년 초 극동대표부가 홍콩으로 이전한 후 카노사 사랑의 수녀회 수녀들이 그 집을 사서 한 층을 더 올려 육아원으로 사용했다고 한다. 그러나 그 건물은 헐리고 그 자리에는 상가와 아파트를 겸한 5층짜리 새 건물이 들어서 있다.

혹시 옛 건물의 흔적이 있을까 싶어 건물 주변을 서너 번 돌아보

앉으나 아무런 흔적도 찾을 수 없다. 역사의 기억을 되살릴 수 있는 표지판이라도 있었으면 좋으련만, 불행히도 극동대표부는 추억 속의 먼 과거로 흘러가 버리고 말았다. 보험회사 대리점, 세탁소 같은 간판만이 변해버린 현실을 대변해 주고 있었다.

이 자리가 바로 역사적인 첫 조선인 신학교였다. 이곳에서 성인을 비롯한 세 소년은 리브와(N.Libois, 1805~1872), 칼르리(J.M. Callery, 1810~1862), 데플레슈(E.J.C. Desflèches, 1814~1887), 르그레즈와(P. Legrégeois, 1801~1866) 등 파리외방전교회 신부들의 지도 속에 사제 양성 수업을 시작했다. 피곤함에 지친 몸을 이끌고 이곳에 도착한 16세 소년들의 심경은 어떠했을까. 오늘로 치자면 고등학교 1~2학년에 불과한 청소년들이다. 서울에서 했던 그 서약을 되새기며 학업을 충실히 하자고 서로 굳게 손을 맞잡았을까. 아니면 두고 온 부모님을 그리며 베갯잇을 눈물로 적시면서 밤을 지새우곤 했을까.

세 소년의 극동대표부 조선신학교 생활은 순탄치 못했다. 그해 11월 27일 피붙이만큼이나 소중했던 동료 신학생 최방제가 열병으로 사망하는 비운을 겪는다. 그로부터 불과 6개월 후 성인은 마카오 일대에서 아편 거래 문제로 소요가 일어나자 필리핀으로 피신, 마닐라 근교 롤롬보이 마을의 도미니코회 수도원에서 약 7개월을 지낸 후 1839년 11월에 마카오로 돌아온다.

천신만고 끝에 도착한 마카오. 그러나 고달픈 신세는 거기에서 그치지 않고 비극이 연속되는 마카오. 그 험난한 역경을 겪으면서 성인은 어쩌면 자신에게 펼쳐질 미래를 생각했을지 모른다. 붉게 밝아오는 동녘 하늘이 아니라 잿빛 구름으로 드리운 저 어두운 하늘을. 잔뜩 찌푸린 하늘은 어느새 빗방울을 흩뿌리기 시작한다.

2. 카몽이스 공원과
성 바오로 대성당 유적에서

마카오에서 반드시 찾아보아야 할 곳이 또 하나 있었다. 카몽이스 공원 안에 있다는 김대건 성인의 동상이다. 16세기 포르투갈의 대(大)시인 루이스 카몽이스(Luís Vaz de Camões, 1524~1580)의 이름을 딴 카몽이스 공원은 성인의 유해가 모셔져 있는 안토니오 성당 맞은편, 옛 극동대표부 옆에 있었다. 숲이 우거진 자그마한 동산으로 이루어진 공원이었다.

공원 입구에서 오른쪽으로 난 길을 100여m 정도 걸어가자 후미진 잔디밭 한가운데에 우뚝 서 있는 성인의 동상이 나타난다. 갓과 도포 등 의관을 차리고 영대를 걸친 모습의 성인은 왼쪽 가슴에 성서를 품고 오른손으로는 공원 중앙을 향해 축복하고 있었다.

카몽이스 공원의 김대건 성인 상.

조각가 고(故) 김세중(프란치스코, 1928~1986) 씨가 제작한 이 동상은 성인의 시성을 기념하여 한국천주교 주교단이 건립한 것이다. 동상을 받치고 있는 좌대에는 '성 안드레아 김대건 최초의 한국 사제'라는 글귀와 성인의 약력에 이어 '한국천주교주교회의에서 건립한 이 기념 동상은 1985년 10월 4일 한국교회의 주교 신부 수도자 평신도 등 대규모 대표단과 수많은 사람이 참배한 가운데 제막되다'라는 글씨가 대리석 판에 씌어 있었다. 그 아래에는 포르투갈어로, 그리고 좌우에는 영어와 한자로 같은 내용의 글이 적혀 있다.

그러나 선명해야 할 글씨는 자세히 들여다보아야만 무슨 내용인지 알 수 있을 정도로 흐릿했다. 순간 16세 소년의 모습과 제막식 당시 김수환 추기경을 비롯한 많은 한국교회 관계자들, 그리고 불과 10년 만에 알아보기조차 힘들 정도로 퇴색해 버린 글귀들이 순간적으로 마구 뒤엉키어 아른거린다. 요란했을 제막식. 퇴색해 버린 초라한 동상. 우리 한국교회의 모습, 아니 나 자신의 모습을 말없이 보여 주는 듯했다.

동상을 뒤로 하고 공원 중앙으로 나왔다. 1886년에 제작됐다는 카몽이스 시인의 흉상이 인공 석굴에 안치돼 있었다. 시인의 상은 19세기 후반의 것이라지만 석굴에는 1827년 3월 30일이라는 표시가 새겨져 있는 것으로 보아 공원은 적어도 성인이 마카오에 왔을 때는 이미 조성돼 있었음이 분명했다.

성인은 바로 앞 극동대표부에서 공부하다가 틈틈이 이 카몽이스 동산을 찾아 휴식을 취했으리라. 생소한 라틴어를 익히고 철학을 배우느라 지친 몸을 이끌고 동산을 거닐었으리라. 사랑하는 동료 최방제를 잃은 슬픔을 되씹고, 조국과 부모에 대한 향수를 달랬으리라.

생각에 잠겨 공원을 빠져나와 골목길을 300m쯤 걸었을까, 언덕바지에 우뚝 솟은 웅장한 건물이 있어 올려다보니 그 유명한 성 바오로 대성당 유적이다. 마카오를 대표하는 관광 명소 중 하나인 성 바오로 대성당 유적은 비록 전면(前面)만 남아있으나 높이가 18.3m에 넓이가 19.3m에 달해 그 규모를 짐작하고도 남을 만했다.

원래 이 자리는 16세기 말 동양 포교에 나선 예수회 회원들이 세운 신학교 자리였다. 중국에 가톨릭을 전파한 마테오 리치(1552~1610)를 비롯해 많은 극동 선교사를 배출한 이 신학교는 따라서 서양인들이 극동 아시아에 세운 최초의 대학이었다.

성 바오로 대성당은 이탈리아 수사의 설계와 일본의 그리스도교 장인(匠人)들의 기술이 합쳐져 1602년부터 30여 년에 걸쳐 건립됐

전면 뼈대만 남은 바오로 대성당 유적. 성인은 이 성당 유적을 보면서 나약해지려는 자신을 추스렸을 것이다.

다고 한다. 전면에는 제일 상층부에 천주 성령을 나타내는 비둘기를 비롯해 아담과 하와의 상징, '바다의 별' 성모 마리아, 프란치스코 하비에르, 이냐시오 로욜라 등 예수회 성인들의 상이 조각 또는 부조로 장식돼 있어 화려함과 정교함을 웅변적으로 보여 주고 있다.

그러나 이 성당과 신학교는 1835년, 성인이 이곳 마카오에 도착하기 2년 전에 불타 버리고 현재의 전면만 남았다. 어쩌면 성인은 불에 타고 남은 옛 신학교와 성당의 잔해를 보았을지 모른다. 대성당을 비롯해 마카오 곳곳의 교회 건물들을 보고 나약해지려는 자신을 추스르곤 했으리라.

김대건 성인이 롤롬보이에서 피란 생활을 마치고 마카오에 돌아왔을 때가 1839년 겨울. 조선에서는 기해박해(己亥迫害)로 부친(김제준 이냐시오, 1796~1839, 성인)이 이미 서소문에서 참수 치명했고, 모친 고 우르술라는 오갈 데 없이 떠돌아다니는 신세가 되어 있었다. 그러나 그때까지 부모의 그 비참한 운명은 까맣게 몰랐을 성인은 오로지 사제 수업의 길에 매진했으리라. 이역만리에서 병사한 최방제의 몫까지 합쳐서. 조선의 교회를 위해서, 천주의 더 큰 영광을 위해서.

마카오에서 성인의 자취를 더듬어보고자 한 계획은 비교적 순조롭게 끝이 났다. 그러나 콜로아네 섬과 타이파 섬 등 2개의 섬을 제외한 반도 면적이 5.4㎢에 불과한 작은 도시여서 곳곳에 성인의 체취가 배어 있으리라는 생각이 들었다. 망설임 끝에 마카오의 교구 신학교를 찾아보기로 했다.

마카오 교구 신학교인 성 요셉 신학교는 중앙우체국 등이 들어서 있는 의사당(議事堂) 광장에서 남쪽으로 골목길을 따라 200m 남짓 떨어진 곳에 있었다. 문이 잠겨 있어 대문을 두드려 사람을 불렀으나 말이 통하질 않는다. 주변을 한참 서성이던 끝에 요셉 타이(載雨谷)라는 예수회 신부를 만나 간신히 들어갈 수 있었다. 내부는 수리 중이어서 들어갈 수 없었고 외부 모습만 간신히 카메라에 담을 수 있었다.

17세기에 세워졌다는 이 신학교 건물은 예수회 신학교였으나 나중에 교구 신학교가 됐다. 동양 선교의 거점인 마카오에서 사제 양성의 산실이었던 성 요셉 신학교는 그러나 중국 문화혁명의 여파로 1970년대 이후 거의 신학생을 받지 못해 현재는 '죽은 신학교'가 되고 말았다. 텅 빈 운동장과 오래된 석조 건물만이 흘러간 역사를 말없이 전해 주고 있을 따름이었다.

교구 총대리 클라우디오 신부에 따르면 마카오에는 현재 주민 수 40만에 2만 정도의 신자가 있으며 사제는 교구 사제와 수도회 사제를 포함해 모두 60여 명이 있으나 대부분이 50~60대라고 한다. 가장 젊은 사제가 2년 전에 서품된 30대이고 현재는 단 한 명의 신학생조차 없는 초라한 교구가 돼 버린 것이다.

세월은 그렇게 변해 가는 모양이다. '동양의 유럽'으로서 찬란한 그리스도교 문화를 꽃피웠던 마카오는 150년이 흐르면서 이제 지는 저녁노을처럼 감상의 대상으로 쇠락해가고 있었다. 우리 역시 마찬가지이리라. 역사의 주인이신 하느님, 그분의 뜻을 좇지 않을 때 순교자의 후손이라는 자부심이 한낱 추억거리에 불과할 그 날이 오고야 말리라.

마카오 순례를 마치고 돌아서는 발걸음이 가볍지 않았다. 피로감만이 아닌 형언할 수 없는 무거움에 짓눌려 있었다.

3. 주산도와 상해를 거쳐 백가점으로

　　김대건 성인이 마카오를 떠난 것은 1842년 2월 15일이었다. 당시 마카오에 정박 중이던 프랑스 함대의 세실 함장은 극동 아시아 진출을 위한 교두보를 마련하고 나아가 조선과 통상 조약을 맺으려는 생각으로 극동대표부 책임자인 리브와 신부에게 통역을 요청했고, 리브와 신부는 이 기회에 몇 해째 끊겨 있던 조선교회와 다시 연락을 취할 수 있으리라고 생각해 받아들였다. 이리하여 성인은 스승인 메스트르(J.A. Maistre, 1808~1857) 신부와 함께 세실 함장이 지휘하는 에리곤호를 타고 마카오를 떠나게 된 것이다.

　성인의 나이 21세. 15세 소년의 몸으로 조선을 떠난 지 6년이라는 세월이 흘렀다. 철학 공부를 마치고 신학 수업을 시작한 지 불과

3개월이었다. 낯설고 물선 이국 생활에다 필리핀 피란살이 등으로 몸은 허약해진 상태였다. 그러나 어엿한 21세 청년으로 성장한 성인에게는 남다른 기개가 있었다. 성인이 훗날 온갖 고초를 겪어가며 선교사 영입을 위한 조선 입국 경로를 4차에 걸쳐 탐사할 수 있었던 것도 범인이 따를 수 없는 그 기개가 있었기 때문이리라.

마카오를 떠난 지 약 보름 만인 1842년 2월 28일 성인이 탄 에리곤호는 필리핀 마닐라항에 도착했다. 4월 19일 다시 마닐라를 출항한 에리곤호는 대만을 거쳐 5월 초순 양자강 앞바다의 주산도에 입항했다. 주산도에서 약 2개월을 체류한 후 성인은 다시 항해를 시작, 7월 초 상해 북쪽 양자강 하류 오송구(吳淞口)에 도착했다.

성인의 발자취를 좇는 순례 여정에 주산도를 포함한 것은 단 한 번만이라도 배를 타고서 성인의 당시 심경을 헤아려보기 위해서였다. 마카오에서 육로를 통해 중국 국경을 넘은 후 상해로 가서 주산도로 향하는 배를 타기로 했다. 그러나 그 길은 쉽지 않았다.

마카오의 옛 극동대표부 자리에서 국경 관문까지는 걸어서 가기로 했다.[1] 16세 소년이 중국에서 마카오로 내려오던 그 길을 거슬러 올라가는 심정은 무어라고 표현할 수 없을 정도로 만감이 교차한다. 지금은 시원하게 뚫린 도로를 가고 있지만 150여 년 전에는 산

---

1 마카오는 당시까지 포르투갈령이었고, 1999년 완전히 중국에 반환됐다.

길이었을 것이다.

약 40분을 걸어가자 국경 관문이 나오고 뒤편으로는 붉은 별의 중국 국기가 나부낀다. 국경을 넘어 중국 측 관리소에서 입국 절차를 마친 후 밖으로 나오니 중국 땅 주해(珠海)다. 자동차로 1시간을 달려 주해 국제공항에 도착, 중국 민항 편으로 상해로 향했다.

정작 상해에 도착해 보니 일정상 주산도로 가는 배편을 구할 수가 없었다. 안타까운 마음을 안고 주산도가 마주 보이는 인근 보타섬으로 가기로 했다. 보타산이 있는 보타섬은 오대산과 아미산과 더불어 중국 삼대 불교 성지였다.

김대건 성인이 체류했던 주산도는 1339개에 이르는 크고 작은 섬으로 이루어진 주산군도의 가장 큰 섬이다. 중국에서 대만, 해남도, 숭명도에 이어 네 번째로 큰 섬이라고 부르는 주산도의 면적은 500㎢로 서울 면적의 4/5가 넘는다. 약 60만 명의 주민이 사는 주산도의 가장 큰 도시는 정해(定海)로, 중국 동해안의 어업 중심지이다. 인구 1400만의 상해 시민이 먹는 해산물이 대부분 정해에서 오는 것이라고 한다.

눈앞에 펼쳐져 있는 주산도(보타에서 소형 선박으로 30분 거리)에 발을 내디뎌 보지 못한 채 보타산 정상에서 하염없이 바라다보기만 해야 하는 마음은 착잡하기 그지없었다. 가야 할 길이 아직도 먼데 마냥 정박해 있는 에리곤호를 바라보는 성인의 심정은 어떠했을까. 주산도에서 체류한 2개월이 성인에게는 너무나 긴 세월이었으리라.

보타섬에서 바라본 주산도 앞바다. 뒤로 흐리게 보이는 길게 뻗어 있는 섬이 김대건 성인이 두
달 간 체류한 주산도다.

주산도에서 상해까지 뱃길로는 약 100㎞. 그런데 바다는 온통 누
런 빛을 띠고 있다. 황색 바다는 상해 인근 양자강 앞바다로 가면 갈
수록 더 짙어진다. 예나 지금이나 누런 바다는 마찬가지였으리라.
같은 바다를 150여 년이 지난 지금 헤쳐나간다. 성인은 누런 바닷
물 속에 6년 전에 떠나온 조국의 고향 산천을 떠올리며 가족에 대
한 그리움을 삼켰을 것이다. 가족이 기해박해로 풍비박산나 버린 줄
도 모른 채.

상해로 돌아와 오송구를 찾았다. 오송구는 상해 북쪽을 양자강과
상해 시내를 관통하는 황포강, 그 사이의 운조방(溫藻兵)이라는 작
은 지류가 합류하는 곳이다. 상해 시내에서 택시를 타고 약 40분을

달려 오송에 왔으나 막막했다. 제방으로 향하는 길목은 모두 출입이 금지돼 있었고, 배표를 가진 사람에게만 여객 터미널을 통해 입장이 허용됐기 때문이다. 한참을 서성이고 있는데 다행히 택시 기사가 기지를 발휘해 어렵사리 부두 안으로 들어갈 수 있었다.

오송항에서 바라본 양자강과 황포강의 합류 지점은 강이 아니라 바다였다. 양자강 가운데 있는 숭명도라는 섬의 크기가 800㎢로 서울보다 1/3이 더 크다고 하니 양자강 하류의 폭을 짐작할 만했다.

성인은 이곳에서 아편전쟁의 결과로 인한 영(英)·청(淸)간의 남경 조약 체결식을 보러 양자강을 거슬러 남경을 갔다 온 후 8월 23일 뒤늦게 파보리트호를 타고 도착한 동료 최양업을 만난다. 그리고 마닐라로 돌아가는 에리곤호에서 내려 상해 주교(강남교구장)의 도움으로 중국인 배를 얻어타고 메스트르 신부, 브뤼니에르(M.B. de la Brunière, 1816~1846) 신부와 최양업과 함께 조선을 향해 출발한다. 1842년 10월 2일의 일이다.

이름 그대로 황해(黃海)의 누런 바다를 거슬러 올라가 요동반도 태장하 부근 해안에 다다른 것이 1842년 10월 23일이었다. 3일 후 성인은 60리쯤 떨어진 교우촌 백가점(白家店)에 도착한다. 성인은 메스트르 신부와 백가점에 머물고 최양업과 브뤼니에르 신부는 요동반도 북단의 개주(蓋州) 부근 양관(陽關)을 거쳐 내륙 깊숙이 위치한 소팔가자로 떠난다.

마카오에서 8개월 이상의 긴 여정을 통해 가까스로 도착한 백가점. 성인이 목메어 그리워하던 조국 조선교회와 연락을 취하고 선교사들의 조선 잠입로를 개척하기 위한 거점이었다. 그 백가점을 찾아가기로 했다. 그러나 찾아 나서는 길은 간단치가 않았다.

4. 백가점과
국경 마을 봉황성 변문

　　백가점에 가기 위해 압록강 하류 중국 측 국경 도시인 단동에서 장하(庄河) 행 시외버스를 탔다. 김대건 성인이 도착한 요동반도 해안가 부근 도시인 태장하(太莊河)가 바로 장하다. 단동에서 장하까지는 약 160㎞. 2시간 반이면 충분하겠다고 생각했지만 거의 4시간이 걸려서야 도착했다.

　　버스터미널 부근에서 택시 기사들과 주변 상인들에게 백가점이 어디냐고 물었으나 아는 이가 아무도 없다. 할 수 없어 지도를 구했다. 사실 안내자 없이 홀로 떠난 이번 순례 여정에서 지도는 가장 훌륭한 길잡이 역할을 했었다. 그러나 장하시 일반 지도에는 나와 있지 않아 폭이 1m가 넘는 대형 전도(全圖)를 구하니 비로소 백가점이라는 글씨가 보인다.

지도를 들고 물어물어 찾아간 백가점은 장하 시내를 빠져나와 다시 단동으로 가는 길을 10분쯤 달린 후 왼쪽으로 난 비포장도로를 따라 3㎞쯤 들어간 곳에 있었다. 주변이 개활지(開豁地)처럼 펼쳐져 있는 얕은 구릉으로 둘러싸인 140호 남짓한 전형적인 농촌이었다.

동네 어귀에서 몇몇 아낙네들이 나물을 다듬으며 담소하고 있어 다가가니 돌연한 이방인의 방문이 뜻밖이라는 듯 경계하는 눈빛이 역력하다. 천주교 교우가 있느냐고 묻자 들어보지 못했단다. 이곳이 분명 성인이 거처했던 교우촌 백가점이라면 신자 한두 명은 있으리라 싶어 재차 확인해 보았으나 답변은 마찬가지였다. 낭패감에 젖어 거듭 물어보자 나이 많은 노인에게 알아보라며 어린 소년을 붙여 준다.

안내를 받아 찾아간 노인은 70이 훨씬 넘어 보이는 귀가 잘 들리지 않는 할아버지였다. 통역으로 데려간 조선족 청년이 한문을 써가며 물어보자 겨우 알아들었다는 듯 공화국(중화인민공화국)이 들어서기 전에는 몇 사람 있었으나 지금은 아무도 없다고 고개를 젓는다.[2]

---

2   결국 당시 기자가 찾아간 백가점은 김대건 성인이 머문 교우촌 백가점이 아니었다. 기자가 현지 취재 준비를 했을 때 백가점의 정확한 위치를 제시한 자료를 확인할 길이 없어 《김대건의 편지》(이원순 허인 편저)에 나오는"태장하에서 60리 상거의 산촌"이라는 언급을 기초로 백가점을 찾아나섰으나 교우촌의 흔적은 전혀 찾아볼 수 없었다. 이후 성인이 머문 백가점은 옛 차구의 별칭이고 오늘날 장하시 용하산진이라는 주장이 설득력을 얻고 있다. 이에 관해서는 오영환·박정자 지음《해외편 순교자의 땅》(가톨릭출판사), 103~104쪽 참고.

순간 성인의 편지 내용이 떠올랐다.

"두(杜)씨 가족 외에 다른 신자들은 모두 신부님들을 맞이하기를 꺼렸습니다. … 조금도 이상한 일이 아니었습니다. … 그래서 할 수 없이…저는 어떤 과부의 작은 집을 세내어 머물면서 조선으로 출발할 날과 기회를 기다리고 있습니다."

(네 번째 서한)

8개월의 긴 여로 끝에 도달한 백가점이었지만, 성인에게 돌아온 것은 곱지 않은 시선뿐이었다. 게다가 그토록 갈구하던 조국 조선의 소식을 백가점에서 처음으로 접하게 되지만, 슬프게도 그것은 피로 얼룩진 기해박해의 소식이었다. 바로 이곳을 거점으로 삼아 성인은 6개월가량 지내면서 두 차례 조선 입국로 탐사에 나선다.

백가점이라는 동네는 어렵사리 찾았지만 교우촌 흔적은 찾지 못한 채 발길을 돌리는데 허탈한 심정은 가늠 길이 없다. 맥이 풀려 터벅거리는 걸음을 다잡아 성인이 입국로 개척을 위해 조선 교우들과 접촉했던 중국 측 국경, 봉황성 변문을 찾아 나섰다.

봉황성(鳳凰城)은 단동에서 북쪽으로 약 60㎞ 떨어진 작은 도시. 인근의 봉황산(鳳凰山)과 산성(山城)의 빼어난 풍광(風光)으로 인해 국가급 풍경구로 지정된 곳이기도 하다. 역사적으로는 옛 고구려 땅

변문 마을 공터에서 열린 변문시장.

으로서 봉황산성은 바로 고구려가 쌓아 올린 성이었다. 그러나 조선조 후기에는 조선으로 향하는 중국 측 관문인 변문으로 더 알려졌다. 조선 사신들이 청나라로 오갈 때 이곳 변문 부근에는 두 나라 상인들이 모여들어 시장(市場)이 서곤 했다.

심양에서 단동행 유람 열차로 약 4시간을 달려 봉황성 역에 내리자 변문(邊問)행 버스가 보인다. 버스에 올라 단동 쪽 국도로 약 40분(20㎞ 정도) 가니 오른쪽으로 길이 2㎞ 정도의 마을이 나타난다. 변문(鳳城市 邊門鎭 邊門村)이다. 그러나 변문이라는 마을 이름이 뜻하는 것과는 달리 마을 어디를 둘러보아도 문은커녕 그 흔적조차도 찾아볼 수 없다. 마을 사무소에 들러 옛 책문(柵門)이 어디 있는지 아느냐고 수소문해 보았으나 아는 사람이 없다.

마을 중앙의 시장통에서 한참을 서성이고 있는데 갑자기 "한국사람이 여기 웬일이오?"하는 소리가 뒤에서 들린다. 깜짝 놀라 돌아다보니 모터사이클을 탄 40대의 남자다. 이 마을에 사는 안영산(安英山)이라는 조선족이라고 자신을 소개한 그 남자는 한국말을 하는 것을 듣고 반가워서 불렀다고 한다. 사정을 이야기하자 이 마을이 옛 국경 초소가 있던 변문이 틀림없고 성문 같은 것은 원래부터 없었다면서 예전에는 마을을 고려문(高麗門)이라고 부르기도 했다고 설명해 준다.

이 마을이 바로 김대건 성인이 거쳐 갔던 그 변문임이 확실해지자 가슴이 뭉클해온다. 성인의 발자취를 따라 중국을 찾은 국내의 순례단이 그동안 적지 않게 있었지만, 변문까지 찾아온 사람은 없었다. 시장이라고 부르기에는 너무 초라한 장터를 바라보자 성인이 이곳에 머물렀을 당시의 상황이 아른거리며 피어오른다. 청국과 조선의 상인들이 뒤섞여 시끌벅적한 장, 검문하는 청나라 관리들의 모습이 교차해 나타난다. 성인은 그 어수선한 틈을 타 조선교회의 밀사들과 접촉했을 것이다.

상해에서 요동 땅 백가점에 도착한 성인이 변문에서 조선교회의 밀사와 접촉하기 위해 백가점을 떠난 것이 1842년 12월 23일이다. 백가점에서 변문까지는 줄잡아 200㎞. 성인은 500리 길을 걸어 4일 만인 12월 28일에 변문에 도착했다. 15세 소년의 몸으로 이곳 변문을 통해 중국 땅에 들어섰던 성인은 21세의 청년이 되어 돌아왔다.

이곳 변문에서 성인은 조선교회의 밀사 김 프란치스코를 만나 그리던 조국의 소식을 듣는다. 그러나 그것은 백가점에서 들었던 소식을 다시 확인하는 슬픈 일이었다. 자신을 신학생으로 키워준 모방 신부를 비롯한 샤스탕 신부와 교구장 앵베르(L.J.M. Imbert,

1796~1839, 성인) 주교의 순교, 부친의 참수 치명, 그리고 의지할 곳 없이 떠돌아다니고 있을 모친과 관련한 비보를 접했을 때 성인의 심정은 어떠했을까. 감당키 어려운 고통이요 아픔이었을 것이다.

그러나 성인은 그 어둠의 시련을 이겨내고 조선으로 향할 채비를 서두른다. 그것은 김대건 성인이었기에 가능한 일이었다. 파리외방전교회 선교사들이 최양업이 아닌 김대건에게 조선 잠입로 탐사의 역할을 맡긴 것도 성인의 기개를 알아보았기 때문이 아니었을까.

구련성 한쪽 끝에서 내려다 본 압록강. 강 건너 보이는 곳이 북한 땅이다.

행장(行裝)을 갖추어 새벽 1시에 변문을 출발한 성인은 130리 길을 꼬박 걸어 저녁 무렵에는 압록강을 건너 의주에 도착한다. 하지만 아직 때가 오지 않았기 때문일까. 의주 남쪽의 주막에서 행장을 수상하게 여긴 조선 사람들에게 들키는 바람에 밤을 새워 압록강을 다시 건너 백가점으로 돌아오고 만다. 1843년 1월 6일이었다. 성인은 이후 1843년 3월에 그리고 9월에도 변문으로 와 조선 교우들과 접촉한다.

성인은 아마 이곳 변문에서 봉황산 자락을 타고 남동쪽으로 향해 구련성(九連城)을 지나 압록강을 건너 의주로 갔을 것이다. 그 길을 따라 의주까지 가고픈 간절한 희망은 그러나 압록강변에 도달하자 압록강의 푸른 물줄기에 그만 막혀 버리고 만다. 구련성 고성지(古城地)의 끝부분인 호산장성(虎山長城)에서 말없이 흘러가는 강물을 바라보는 것으로 그 아쉬움을 달랠 수밖에 없었다.

5. 교우촌 소팔가자

성인이 백가점을 떠난 때가 언제인지는 정확하지 않다. 조선 잠입로 탐사에 실패한 후 구사일생으로 어렵사리 백가점으로 되돌아온 성인은 1843년 3월에 다시 봉황성 변문으로 나가 조선교회의 밀사와 접촉한 후 동료 최양업이 있는 소팔가자(小八家子)로 거처를 옮겼다. 그때가 1843년 3월 또는 4월경으로만 확인될 따름이다.

길림성(吉林省)의 성도(省都) 장춘(長春) 북서쪽에 자리한 소팔가자는 앵베르 주교의 후임으로 조선의 제3대 교구장에 임명된 페레올(J.-J.-B. Ferréol, 1808~1853) 주교가 1842년쯤부터 머무르면서 자연스럽게 선교사들의 조선 입국을 위한 거점이 되었던 곳이다. 성인은 이곳에서 2년가량 머무르면서 최양업과 함께 신학 수업을 받은 후 부제품을 받았다. 그 소팔가자를 찾아 나섰다.

백가점에서 개주까지 약 120㎞의 거리를 택시로 3시간 달려간 후 그곳에서 밤새 열차를 타고 이튿날 아침에야 장춘에 도착했다. 장춘역에서 다시 택시를 잡아타고 물어물어 소팔가자로 향했다. 시내를 빠져나와 약 20분을 달리자 합륭(合隆)이란 읍내가 나온다. 소팔가자는 거기에서 다시 비포장도로로 곧게 나 있는 길을 10㎞쯤 더 들어간 곳에 있었다.[3] 주변은 광활한 평야가 끝없이 펼쳐져 있는 전형적인 농촌이었다.

마을에 들어서자 열십자로 나 있는 길 중앙에 함석으로 비둘기 형상이 세워져 있었고, 성당은 바로 그 뒤편 오른쪽에 있었다. 성당 마당으로 들어서자 웬 노인이 젊은이와 이야기를 나누고 있다. 젊은이는 성당에 다니고 싶어 찾아왔고, 노인은 그를 안내하면서 잠시 신자방문을 나간 본당신부를 기다리던 중이었다.

노인에게 소팔가자를 방문하게 된 사정을 이야기하자 대뜸 반갑다고 손을 굳게 잡더니만 신자들을 불러온다. 그들 중 전(前) 본당회장이라고 자신을 소개한 정광하(丁廣河, 69, 여호수아) 씨는 "이곳이 성 김대건 신부님이 지내면서 공부를 하고 부제품을 받은 바

---

3 이 길은 이후 포장도로로 바뀌었고, '김대건로'라는 이름이 붙었다.

로 그 마을이고 마을 신자들은 대부분 성인에 대해서 잘 알고 있다"
며 친절히 설명해 준다.

정 씨를 비롯한 마을 신자들의 설명에 따르면 소팔가자는 약 200
년 전에 교우촌으로 형성됐는데 마을에 사는 8가구가 모두 교우
여서 팔가촌(八家村)이라고 불리게 됐다. 소팔가자라는 마을 이름
도 여기에서 유래됐다고 한다. 현재 소팔가자에는 700여 가구 약
3000명의 주민이 있는데 95% 이상이 신자인 대단한 교우촌이다.
그뿐만 아니라 인근 10리 주변에 대부분 신자가 살고 있어서 모두
합하면 전체 신자 수는 5000명 가까이 된다.

소팔가자 성당. 왼쪽은 1996년 당시의 성당이고, 오른쪽은 2018년에 신축한 성당이다.

정 씨의 안내로 성인이 공부하며 지냈다는 집과 옛 성당 자리를 찾았다. 옛 성당 자리는 현재 성당 바로 옆에 있었고, 성인이 공부했다는 곳은 성당 뒤쪽으로 약 20m 떨어진 거리에 있었다. 그러나 옛 흔적은 하나도 남아있지 않고 지금은 가옥들만이 들어서 있을 뿐이다.

두 차례의 조선 입국로 탐사를 시도하고 난 성인은 바로 이곳으로 달려와서 동료 최양업과 해후했다. 6개월 만의 상봉이었지만 반가움과 기쁨보다는 슬픔과 비탄으로 얼룩진 만남이었을 것이다. 피로 얼룩진 기해박해와 그토록 그리워했던 부모님의 순교 소식을 나누면서 두 청년은 가슴이 찢어지는 아픔을 맛보았으리라. 그렇지만 두 청년은 목자 없는 양 떼처럼 헤매고 있는 조선의 신자들을 생각하면서 자신들의 소명을 다시 한번 깊이 되새겼으리라.

성인은 이곳 소팔가자에서 그동안 중단했던 신학 공부를 다시 시작한다. 5개월이 지난 1843년 9월 봉황성 변문으로 나가 조선교회의 밀사와 한 번 더 접촉하고 돌아온다. 이 접촉에서 성인은 의주 변문을 통한 서북 입국로 개척은 어려울 것이라고 보고 경원 지방을 통한 동북 입국로 개척 가능성을 타진하게 된다. 성인은 이어 그해 12월 말 개주 부근의 양관에서 거행된 조선교구 제3대 교구장 페레올 주교의 뒤늦은 주교 서품식에 참석하고, 이듬해 2월부터 4월까지 동북 지역 입국로 탐사 여행을 하고 돌아온다. 그러고는 신학 공부를 계속한 후 그해 12월 페레올 주교에게서 최양업과 함께 부제 품을 받는다.

이렇게 지난 역사를 되돌아보니 이곳 소팔가자야말로 우리가 가장 소중하게 가꾸어야 할 중국의 한국 성지가 아닌가 하는 생각이 들었다. 조선교구장의 지도로 죽음을 무릅쓴 선교사들의 입국 거점, 조선 최초의 두 신학생의 사제 양성소, 그리고 조선교구장 주례로 첫 조선 성직자가 탄생한 곳이 다름 아닌 소팔가자이기 때문이다.

옛 성당터를 바라보면서 제단 앞에 길게 엎드려 '천상의 모든 성인들의 도움'을 간구하는 부제의 모습을 떠올리고 있는데 안내인 정 씨가 "이곳에 김대건 성인의 동상을 세워 주십시오" 하고 말을 꺼낸다. 인사치레가 아님을 그의 눈빛에서 확인할 수 있었다. 사실 지난 1990년 고 오기선(1907~1990) 신부가 이곳에 와서 성인의 동상을 세우기를 희망했지만, 중국 당국과 협의가 이루어지지 않아 성사되지 못한 적이 있었다. 그러나 우리 교회가 그럴 의향만 있다면 성인 동상 하나 소팔가자에 세우지 못할 이유는 없을 것이다.[4]

비둘기 형상이 있는 십자로 앞으로 나오자 한국에서 왔다는 소식을 들은 신자들이 이집 저집에서 문을 열고 나온다. 비록 말은 통하

---

4 소팔가자에는 2년 후인 1998년 11월 김대건 신부의 동상이 세워졌다.

마을 상징인 비둘기상 앞에서 기념촬영하고 있는 소팔가자 신자들.

지 않았지만 그들의 눈빛과 몸짓에서 우리는 서로 하나라는 것을 강렬하게 느낄 수 있었다. 중국 땅에 와서 처음 겪는 체험이었다. 우리를 하나로 엮어준 그 끈은 다름 아닌 성인의 얼이었다. 2년도 안 되는 짧은 기간이었지만 성인은 이 소팔가자에 그 무엇과도 바꿀 수 없는 가장 고귀한 '신앙의 유산'을 심어 놓은 것이다.

비둘기 형상을 배경으로 기념 촬영을 했다. 원래는 비둘기가 아닌 붉은 나무 십자가가 교우촌이 생겼을 때부터 있었는데, 1960년대 문화혁명으로 없어져 버렸고 종교 자유가 생긴 후 철 십자가를 세웠다가 녹이 슬어 2년 전 비둘기로 교체했다고 한다. 유서 깊은 교우촌 소팔가자의 상징이었다.

'다시 만날 수 있기를 희망합니다' '한국 신자들에게 사랑한다고 전해 주십시오'라는 작별 인사를 뒤로하고 소팔가자를 떠났다.

아쉬움을 안고 돌아서는 길에 만주 평야의 모진 바람이 분다. 운전대를 놓으면 차체가 흔들릴 정도의 거센 바람이다. 그 바람을 헤치며 다시 성인의 발자취를 좇아 떠난다. 성인은 한겨울에 나무 썰매를 타고 눈길을 헤쳐갔지만, 나는 털털거리는 택시를 타고 바람 속을 헤쳐간다. 훈춘(琿春)을 향해서.

6. 가자, 훈춘으로
- 동북 지역 탐사

　　김대건 성인이 동북 지역을 통한 입국로 탐사를 위해 소팔가자를 떠난 것은 1844년 2월 5일이었다. 성인은 중국인 신자 안내원 1명과 함께 눈 덮인 길을 나무 썰매를 타고 달려 몇 시간 만에 장춘(長春)에 도착했다. 그곳에서 다시 길림(吉林)과 영고탑(현 寧安) 부근 마련하(馬蓮河)를 거쳐 약 한 달 만인 3월 초 두만강변 중국 쪽 접경인 훈춘에 이르렀다.

　　훈춘은 17세기 중엽 이후 조선과 청나라의 국제 시장이 서던 조선 국경 도시 경원과 두만강을 사이에 두고 있었다. 당시 조선에서는 2년에 한 번씩 경원에 장을 열어(경원 개시, 慶源開市) 청국인과 조선인 간의 상거래를 허가했었다. 성인이 훈춘으로 향한 것은 이 경원 개시의 기회에 조선으로 들어가 조선교회 신자들과 만나기로 했기 때문이었다.

성인이 갔던 그 길을 그대로 좇는다는 것은 일정상으로나 현지 여건상으로 도저히 불가능해 장춘에서 도문까지 열차 여행을 한 후 자동차로 훈춘까지 가기로 했다. 장춘에서 도문까지는 약 550㎞, 급행열차인 직쾌(直快)로 11시간 걸리는 거리다.

장춘역에서 열차표를 끊는데 통역으로 함께 간 조선족 청년이 구해오는 표를 보니 무려 다섯 장이 넘는다. 기본 운임료 따로, 급행료 따로, 침대료 따로 이런 식이다. 게다가 외국인용이 아닌 모두 중국인용으로만 끊어 왔다. 쓸데없이 돈을 버리는 게 아까워 그랬다면서 "일없다"('괜찮다'라는 뜻)라고 대수롭지 않게 여긴다.[5]

조금 꺼림칙했지만 약간 모험해 보기로 했다. 목숨이 달린 성인의 경우와 들통나봤자 벌금만 내면 그뿐인 내 경우가 서로 비교되지 않겠지만, 생명의 위협 속에 국경을 넘나들어야 했던 성인의 심정을 조금이나마 헤아려볼 수 있지 않을까 해서였다.

도문행 야간열차를 타기 위해 역 대합실에 들어서니 열차 도착 한시간 전인데도 이미 사람들로 초만원을 이루고 있었다. 중국 사람처럼 보이려고 말없이 한쪽 귀퉁이에 서 있는데, 누가 다가오더니 대

---

5 당시에는 외국인이 중국에서 열차나 항공기를 이용할 때 별도 요금을 더 내야 했고, 외국인 용 표를 구하지 않고 타다가 발각되면 2~3배 벌금을 물어야 했다.

뜸 서울에서 왔느냐고 묻는다. '초장부터 들켰구나' 했더니 다행히
도 그 역시 한국에서 온 사람이었다.

태연하게 개찰구를 통과해 열차 안에 들어가서는 아예 침대칸 위
층에 누워 버렸다. 한 칸에 상하 두 개씩 모두 4개의 침대가 있었는
데 맞은 편의 승객이 알아듣지도 못하는 중국어로 대화를 걸어오는
것도 부담스러웠고 검표원이 와서 몇 마디라도 건네면 외국인임이
금방 탄로 나겠다 싶어서였다.

그런 내 태도가 우습기도 했지만, 목숨을 걸고 선교사 입국로 탐
사에 나선 성인의 심정은 어떠했을지를 생각하니 성인의 기개와 용
기가 더욱 새삼스러웠다. 그런 성인을 신앙 선조로 또 첫 사제로 모
신 한국교회가 정말로 자랑스럽게 느껴졌고, 그분의 정신을 제대로
이어받지 못하고 있는 우리의 현재 모습이 부끄럽기도 했다. 이제
는 달라져야 한다. 거듭나야 한다. 성인의 순교 150주년을 참으로
뜻있게 지내려면, 거창한 행사가 아닌 뼈를 깎는 아픔으로 다시 태
어나야만 하리라.

상념 속에 잠이 들었던 모양이다. 깨어나 보니 새벽이고, 차창 밖에
는 이미 4월 하순으로 접어들었는데도 하얗게 눈이 내려 있다. 열차
는 연길을 지나 종착점인 도문으로 향하고 있었다. 억센 억양의 한국
말 소리가 여기저기서 들린다. 연변 조선족 자치구란 말이 실감 났다.

도문역에 도착한 시각이 아침 7시 20분. 11시간이 조금 더 걸린

도문행 열차 안에서 내다본 중국의 산하. 4월 하순으로 접어드는 데도 밤 사이에 내린 눈으로 설경을 연출하고 있다.

셈이다. 역 앞에서 손님을 부르고 있던 택시를 잡아타고 40여 분을 달려 60여㎞ 떨어진 훈춘으로 향했다. 두만강을 끼고 달리는 길 건너로 북녘땅이 손에 잡힐 듯 가까이 다가왔다는 멀어져 간다.

　훈춘은 소팔가자와 같은 촌락이 아니었다. 북한과 러시아의 접경 지역에 있어서 중국 당국이 국경 지대 무역 전진기지로 삼기 위해 개방 특구로 지정한 인구 18만의 도시였다. 그러나 막상 훈춘에 도착하고 나니 어디를 가야 할지 막막하기만 했다. 성인이 훈춘에 와서 경원 개시의 날을·기다려 국경을 넘었다는 사실 외에는 알고 온 것이 하나도 없었기 때문이었다.

　어떻게 해야 할지 망설이다가 인력거를 불러 서점을 찾았다.

도대체 두만강이 흐르는 국경이 어디쯤 붙어 있는지 알아나 보자는 심정에서였다. 지도를 구해 펴 보았더니 뜻밖에도 서점에서 멀지 않은 지점에 천주교당이라는 표기가 나와 있다. 중국에 와서 10장가량 지도를 샀지만 천주교회가 표기된 지도를 본 것은 처음이었다. 반가웠고 고마웠다. 지도를 펴들고 무작정 성당으로 향했다.

내린 눈이 녹아 질퍽해진 진흙탕 길가에 있는 훈춘 성당의 대문을 열고 들어서니 사무실에서 할아버지 세 분이 화투 놀이를 하고 있다. 통역하는 조선족 청년에게 물어보라고 눈짓을 하니 조선족이라며 그냥 말을 건네보라고 한다. 찾아온 경위를 말씀드리자 한 할아버지가 나서서 김대건 성인을 잘 알고 있다며 "바로 이 성당 앞길로 해서 경원으로 가셨다"라고 말하는 게 아닌가.

경원이 고향으로 12살 때 훈춘으로 건너와 복사(服事)로 줄곧 교회 일을 하면서 살았다는 박용진(84, 이시도르)이라는 이 할아버지는《경향잡지》를 통해 성인이 이 길을 통해 다녀가셨다는 것을 알게 됐다며 조선 신자들과의 접촉 신호인 붉은 수건을 차고 갔고, 조선말을 하다가 탄로가 나 구사일생으로 목숨을 건져 돌아갔다고 설명해 준다.

할아버지와 함께 성인이 가셨다는 그 길을 따라가 보기로 하고 우선 훈춘 성당에 관한 설명을 들었다. 공소로 운영되고 있는 훈춘 성당에는 260~70명 정도의 신자가 있는데 그 중 조선족이

훈춘성당 앞 옛 국경으로 가는 길. 김대건 성인이 이 길을 거쳐 갔다고 전해 온다.

200명 가까이 되고 나머지는 한족(漢族) 신자들이다. 성당은 지난 1986년에 지어 1888년에 축성식을 했는데 크기는 120평 정도. 원래 훈춘에는 성당이 두 개 있었고, 1931년부터는 독일 베네딕도회 신부들이 이곳에 해성학교를 지어 운영했는데, 해방 후 공산당에 의해 학교와 성당을 모두 몰수당했다. 그 후 종교 활동의 자유가 주어지면서 박 씨는 당국과 3년 동안 싸운 끝에 현재의 성당을 지을 수 있었다고 한다. 박 할아버지의 이야기가 채 끝나기도 전에 박 씨의 아들 박경철(48, 아나스타시오) 씨가 들어왔다. 성인이 가셨다는 그 길을 동행하기 위해서였다.

택시를 타고 질척거리는 진흙탕 길을 헤쳐가다 보니 커다란 나무가 길 왼쪽에 자리를 잡고 있다. 수령이 200년은 충분히 되어 보이는데 훈춘시 문물보호재로 지정된 나무라고 한다. 바로 이 나무 아래로 성인이 지나갔으리라고 생각하니 만감이 교차한다.

7. 저기가 조선 땅인데…
경원 개시를 뒤로 한 채

훈춘에서 두만강 국경으로 향하는 이 길은 지금은 인적마저 드문 버려진 길이지만 성인이 지나갔을 당시에는 조선인들과 교역을 하기 위해 수많은 청국인이 오가던 길이었다.

"그들은 조선인들에게 개, 고양이, 담뱃대, 녹용, 구리, 가죽, 말, 노새, 나귀 들을 죽, 그 대신 바구니, 식기, 쌀, 밀, 돼지, 소, 종이, 돗자리, 모피, 빠르기로 이름난 조랑말들을 받습니다. 이러한 거래는 일반 사람들을 위해서는 2년마다 한 번밖에 열리지 않고 그것도 한나절밖에 가지 않습니다. 상품의 교환은 훈춘에서 40리 떨어진 조선에서 제일 가까운 도시 경

원에서 이루어집니다." *(아홉 번째 서한)*

　말 울음소리, 개 짖는 소리, 삐거덕거리며 굴러가는 달구지 소리, 그리고 장사꾼들의 잡담 소리…. 경원 개시(慶源開市)를 맞으러 가는 상인들과 한 무리가 되어 성인은 국경으로 가는 이 길을 따라갔을 것이다. 중국 사람들에게 붙잡혀 온 조선 소년을 만났던 그 주막(《성 김대건 안드레아 신부의 서한》 아홉 번째 서한)도 이 길 어디쯤엔가 있었을 것이다.

　차를 타고 황톳길을 10여 분쯤 더 헤쳐가자 국경을 지키고 있는 군부대가 나온다. 두만강으로 이어지는 옛길은 군부대 안으로 나 있었지만, 더 갈 수가 없었다. 안내하던 박경철 씨는 "아는 군인들이 있으면 사정을 해보겠는데 아는 사람들이 모두 비번이어서 안 되겠다" 하면서 빨리 돌아가자고 재촉한다. 사진이라도 찍으려고 카메라를 꺼냈지만, 그마저도 찍지 못하게 막는다. '여기까지 와서 그냥 가야만 하다니….' 아쉽고 답답한 마음 가눌 길이 없었다.

　대신에 다른 길을 통해서 강변으로 가보기로 했다. 군부대를 500m쯤 돌아서 나와 차에서 내리자 모래 구릉이 펼쳐져 있다. 이곳의 지명이 '샤투어즈'(沙地子, 모래 언덕)라고 불리는 이유를 실감할 수 있었다. 이곳저곳이 묘지로 사용되고 있는 모래 구릉을 넘어 100여m를 더 들어가자 눈앞으로 두만강이 흐른다. 강물은 푸르렀지만, 모래사장이 대부분을 차지하고 실제 강물의 너

중국 땅에서 바라본 두만강과 건너 편 북한 땅. 강건너 경원 땅을 보고 돌아오는 길이 왠지 서럽게 느껴졌다.

비는 몇십m에 불과해 보였다. 멀리 강 건너편으로는 북한의 '새별' 시내가 아른거렸다. 경원이라는 옛 이름이 지난 1970년 후반 김일성 부자 우상화 작업의 하나로 '샛별'을 뜻하는 '새별'로 바뀐 것이다.

성인은 이 두만강을 건너 저 경원 읍내에서 조선교회의 밀사들과 접촉했다. 청국과 조선의 상인들이 마구 뒤엉켜 인산인해를 이루고 있는 저잣거리를 성인은 손에 흰 수건을 들고 허리엔 붉은 주머니를 차고 군중을 헤집고 돌아다녔다. 흰 수건과 붉은 주머니는 조선교회 신자들과의 접선 표식이었다. 어렵사리 조선 교우들을 만난 성인은,

때로는 장사꾼인 양 물건을 흥정하는 척하면서, 조선의 사정에 관해 또 훈춘을 경유하는 것보다는 변문을 통해 들어오는 것이 안전하다는 설명을 들었다. 그러고는 차마 떨어지지 않는 발길을 돌려 아쉬운 작별을 고했다. 눈물을 흘리며 흐느끼는 조선 교우들을 뒤로하고 성인은 군중 속으로 몸을 숨겼다.

그것은 극적인 드라마였다. 그리고 너무나 짧았다. 수천 리 길을 달려온 한 달 이상의 오랜 시간에 비해 한나절에 불과한 만남은 너무 짧았다. 비극이었다. 그러나 완결되지 않은 비극이었다. 그 비극은 훗날 성인이 형장의 이슬로 사라짐으로써 비로소 종결됐다. 지금은 다만 그 비극의 서곡에 불과했다. 비극의 끝은 아직 멀었는데도 드라마를 보는 관객의 마음은 왜 벌써 이렇게도 저리는 것일까.

무심하게 흘러가는 강물 저편을 바라보며 몽상에 빠져 있는데 갑자기 긴 사이렌 소리가 적막을 깨뜨린다. 낮 12시를 알리는 북한의 사이렌 소리였다. 자리를 털고 일어섰다. 초봄의 햇살을 받아 눈이 시리도록 반짝이는 모래사장을 뒤로하고 돌아오는 길이 왠지 자꾸만 서럽게 느껴졌다.

훈춘에서 돌아오는 길에는 연길에 들렀다. 연변 조선족 자치주 주도(州都)여서 조선족 신자들이 많이 사는 데다가 마침 주일이 다음 날이어서 주일 미사에도 참여할 겸 해서였다.

주일 아침. 9시가 조금 지나 성당을 찾아 들어가니 성당 안은 300

명 가까운 신자로 가득 차 있었고 이미 봉헌이 시작되고 있었다. 그러나 미사가 아닌 공소예절이었다. 지난 부활 대축일 이후 공소예절로 대신하고 있다고 한다. 조선족 본당 주임인 엄태준(嚴太俊) 신부가 한국에 나와 있어서 외국인 사제들만 미사를 공동 집전했는데, 주인 없이 손님들만 미사를 드린 것이 그만 괘씸죄(?)에 걸렸다는 것이다. 중국이라는 사회주의 국가에서만 있을 수 있는 일이었다.

공소예절을 마친 후에는 '양천년대 복음화를 위한 기도'를 드린다. 기도문은 서울대교구의 '2천년대 복음화를 위한 기도'에서 '한국교회'를 '중국교회'로 바꾸었을 뿐이다. 중국교회의 참다운 복음화를 위해 올리는 신자들의 낭랑한 기도 소리가 성당 안을 돌아 밖으로 퍼져간다.

연길의 조선족 신자들이 공소예절을 마치고 성당 마당에서 담소하고 있다.

30여 년이라는 길고 어두운 터널을 지나 이제 겨우 구름 사이로 간간이 비치는 햇볕을 쬐고 있는 신자들이다. 국적은 다르지만 같은 핏줄을 지닌 이 조선족 신자들에게서 순교 선조들의 신실한 신심을 더욱 뜨겁게 읽을 수 있다고 한다면 지나친 감상일까. 어쩌면 이들은 진한 어둠을 맛보았기에 빛을 향한 그리움이 그만큼 더 애틋한지도 모른다. 성인도 그랬으리라. 아무 때고 원하는 대로 쉽게 갈 수 있는 조선 땅이었다면, 죽음의 위험 속에 수천 리 길을 헤매야 하는 탐사 길에 나서지 않았을 것이다. 그러나 쉽게 갈 수 있는 길이 아니었기에 조선을 향한 성인의 마음은 더욱 뜨겁게 타올랐을 것이다. 희망의 싹은 역경 속에서 더욱 크게 움트는가 보다.

두 달에 걸친 동북 지역 탐사를 마치고 1844년 4월 소팔가자로 다시 돌아온 성인은 신학 공부를 계속한 뒤 그해 12월 동료 최양업과 함께 페레올 주교에게서 부제품을 받았다. 그러고는 페레올 주교와 함께 변문으로 출발해 1845년 1월 1일 봉황성 변문으로 와서 김 프란치스코를 비롯한 조선 교우들을 만났다. 그들에게서 서양 선교사의 입국은 어렵다는 말을 들은 페레올 주교는 우선 김대건 부제부터 입국시키기로 했다.

그날 밤으로 교우들과 함께 변문을 출발한 성인은 이틀날 저녁, 의주 읍내가 바라보이는 지점에까지 이르러서 교우들과 다시 만나기로 하고 헤어진다. 성인은 밤새 맨발로 산천을 헤매다가 새벽녘에야 겨우 교우들을 만나 평양을 거쳐 1월 15일 마침내 서울에 도착한다. 교우들이 마련한 거처에 은신한 성인은 그러나 길고 험난했던 여행의 여독에 지친 나머지 보름 동안 앓아누워야만 했다.

자신의 귀국 소식을 교우들에게는 물론 남편을 잃고 거지처럼 방황하는 처지에 처한 어머니(고 우술라)에게조차 알리지 말라고 엄히 당부한 성인은 몸이 회복되자 페레올 주교를 모시러 가기로 한 약속을 지키기 위해 상해로 향할 배편과 선원들을 구했다. 그리하여 마침내 성인은 현석문을 비롯한 11명의 교우와 함께 목선 라파엘호를 타고 제물포를 떠났다. 1845년 4월 30일이었다.

8. 조선 첫 사제가
탄생한 김가항

       김대건 성인과 현석문 등 12명을 태운 목선은 순조롭게 제물포 앞바다를 미끄러져 갔다. 그러나 하루가 지나자 상황이 돌변했다. 세찬 폭풍우가 밤낮없이 3일 동안 휘몰아쳤다. 길이 25자, 넓이 9자, 깊이 7자의 작은 목선으로는 감당하기 어려운 세력이었다.

  폭풍우와 싸워 만신창이가 된 라파엘호는 5일간을 표류하다가 간신히 중국 배의 도움으로 항해를 계속할 수 있었다. 그렇지만 시련은 계속됐다. 또 한차례 폭풍우를 만나고 해적의 습격까지 받았다. 그 험난한 항해 끝에 라파엘 호는 양자강 하구 오송을 거쳐 황포강을 거슬러 올라와 1845년 6월 4일 상해에 도착했다. 제물포를 떠난 지 2개월 4일 만이었다.

성인은 즉시 마카오에서 대기 중이던 페레올 주교에게 자신이 도착했음을 알렸다. 또 부서진 배를 수리하는 등 조선으로 귀환할 준비를 서두르면서 한편으로는 페레올 주교가 상해에 도착하면 있게 될 자신의 사제 서품 준비를 했다.

그리하여 1845년 8월 17일 주일 성인은 황포강 동쪽 김가항(金家港)이라는 교우촌의 성당에서 페레올 주교에게 사제품을 받았다. 성인은 일주일 후인 8월 24일 상해에서 남서쪽으로 약 30㎞ 떨어진 횡당(橫堂)의 소신학교에서 33명이 참여한 가운데 첫 미사를 봉헌 했고, 페레올 주교와 다블뤼(M.N.A. Daveluy, 1818~1866, 성인, 제5대 조선교구장을 지냄) 신부, 11명의 조선 교우와 함께 조선으로 출발했다. 8월 31일이었다. 그러나 역풍을 만나 세 차례나 실패하고 양자강 하류 숭명도 포구에서 머무르다가 1845년 9월 중순 드디어 황해로 출범했다.

그 역사의 현장을 찾아가는 길은 20일간의 이번 순례에서 가장 힘들었던 여정이었다. 애당초 김가항(金家巷) 성당과 횡당(橫塘) 성당의 순례는 중국의 관영 여행사인 중국국제여행사의 안내를 받기로 했다. 하지만 상해에 도착해서 보니 그 두 곳은 '개방'이 안 된 지역이어서 안내할 수 없다는 것이 아닌가. 대신에 개략적인 위치를 알려줄 테니 통역 가이드만 데리고 찾아가란다. 게다가 '기자'라는 말은 절대로 하지 말라고 친절한 조언(?)까지 곁들인다.

상해시 포동신구 천사현 양경서조신촌(上海市 浦東新區 川沙縣 洋涇西漕新村)이라는 주소만 가지고 택시를 타고 두 시간을 헤매며 물어물어 찾아간 김가항 성당은 대문부터 굳게 잠겨 있었다. 낭패감에 젖어 있는데 택시 기사가 옆집에 수소문해 사람을 불러왔다. 지난 1988년부터 성당을 지키고 있다는 허행명(許杏明, 78, 마르코) 할아버지였다.

김대건 성인이 사제품을 받은 김가항 성당. 옛 성당은 1940년대 말에 일부가 불에 탔고 현재 성당은 1984년에 다시 지었다

뜻밖의 불청객을 맞아서인지 잔뜩 긴장해 경계심을 늦추지 않던 할아버지는 가이드의 조언대로 한국에서 온 신자 관광객인데 지나가는 길에 들렀다고 말하자 조금 누그러지면서 대문을 열어 준다.

마당으로 들어섰다. 정원은 아담하게 단장돼 있었으나, 성당은 자물쇠로 채워져 있다. 성당 문을 열고 들어가 보니 제대 뒤편 중앙에 마리아상이 모셔져 있다. 성모무염시태 성당이라고 했다. 지붕은 슬레이트였고, 내부는 초라했지만 비교적 깨끗해 보였다. 그러나 151년 전 성인이 사제품을 받았던 그 성당은 아니었다. 옛 성당은 1940년대 말에 불에 타 일부가 소실됐고, 성당이 섰던 부지는 문화혁명 이후 당국에 몰수당했다가 1984년에 돌려받아 그 자리에 현재의 성당을 지었다고 한다.[6]

제대 앞에 무릎을 꿇었으나 아무런 생각도 나지 않는다. 말로만 듣던 김가항 성당. 한국 최초의 사제가 탄생한 그 역사의 현장을 찾아왔건만 왠지 답답하기만 했다. 성인에 대한 기억을 되살릴 만한 것이라곤 아무것도 보이질 않았다. 눈을 감았다. 굳게 닫힌 대문과 동행하기를 주저하던 여행사 가이드의 모습만이 아른거릴 뿐이다.

할아버지의 안내로 성당 오른쪽의 경당으로 갔다. 역시 자물쇠로 굳게 채워져 있던 그곳에는 뜻밖에도 성인의 척추뼈가 모셔져 있었다. 1991년 원주교구장 김지석 주교가 동창 사제들과 함께 왔을 때 기증한 것이었다. 1990년 한국의 성지연구원 순례단이 기증했다는 30㎝ 남짓한 성인의 전신상도 있었다.

---

6 이 김가항 성당은 상해 도시개발계획에 따라 2001년에 철거되고 다른 건물이 들어섰다. 그러나 철거된 김가항 성당의 기둥과 보, 벽돌, 기와 등 자재 일부를 은이성지에서 들여와 보관하다가 2016년 김대건 성인 순교 170년을 맞아 새 성당을 건립하면서 재활용했다. 이 책 98쪽 참조

할아버지가 공책으로 된 방명록을 가지고 와서 서명하라고 한다. 들쳐 보니 3월 26일에 다녀간 이원순 국사편찬위원장의 서명이 있다.[7] 그 앞에는 지난해 여름에 다녀간 사람들의 서명이 보인다.

김가항 성당 경당에 현시된 성인의 척추 뼈 유해와 전신 상.

그때 비로소 깨달았다. 이곳은 중국의 성지가 아니고 중국교회의 성지도 아니라는 것을. 비록 중국 땅이지만 우리가 가꾸어야 할 우리의 성지라는 사실을. '한국에서 온 신자'라는 그 한 마디에 문을 열어준 할아버지가 오히려 고맙게 느껴졌다.

나중에 들은 얘기지만 이번처럼 예고도 없이 찾아온 사람은 없었고 또 문을 열어 준 적도 없었다고 한다. 사전에 연락하면 미리 준비하고 있다가 안내해준다는 것이다. 몇 마디를 통역해주고는 빨리 돌아가자고 재촉하는 가이드에게 떠밀리다시피 해서 김가항 성당을 뒤로 하는 심정은 착잡하기만 했다.

---

7 이원순(에우세비오) 전 국사편찬위원장은 2018년 92세로 선종했다.

다시 성인이 첫 미사를 드렸던 횡당을 찾아 나섰다. 횡당은 상해 부근에서 가장 높다는 해발 96m의 서산(西山)으로 가는 도로변에 있었다. 김가항 성당과는 달리 대문이 활짝 열려 있고, 성당 문도 반쯤 열려 있다.

성당 안으로 들어서니 머리에 푸른 수건을 두른 할머니 10여 명이 앉아 기도하고 있었다. 분위기가 이상했다. 곧이어 관이 들어오고 사람들이 그 뒤를 따라 들어온다. 장례 미사가 시작되려 하고 있었다. 밖으로 나와서 대문을 쳐다보았다. 상해교구 '식안골회당'(息安骨灰堂)이라고 적힌 팻말이 붙어 있다. 성당 왼쪽 옛 신학교가 있던 2층 건물의 2층이 모두 납골당이었다.

납골당을 바쁘게 오가는 한 아주머니에게 물어보니 지난 1983년부터 납골당으로 사용되고 있고 현재 12,000기의 유해가 봉안되어 있다고 한다. 자리가 부족해 뒤쪽에 새 납골당 건물을 짓고 있었다. 옛 성당은 문화혁명 때 파괴되고 현재의 성당은 나중에 복구한 것인데 1990년 오기선 신부가 방문했을 때 주고 간 돈이 복구에 큰 보탬이 됐다고 한다. 주변은 교우촌이고 신자들은 280여 명 된다고 했다.

더 묻고 싶었으나 장례식 준비로 워낙 바삐 움직이는 데다가 가이드가 이번에도 빨리 돌아가기만을 재촉하면서 통역을 꺼리는 바람에 물어볼 수가 없었다. 조금 더 기다리라고 하자 했더니 먼저 갈 테니 나중에 혼자서 택시를 타고 오든지 마음대로 하란다. 어쩔 도리가 없었다.

상해 서가회 성당. 개방 지구에서 자유로이 들어갈 수 있다고 가이드는 말했지만, 실상은 자유롭지 못했다.

아쉬움을 가득 안고 돌아오는 길에 상해 시내에 있는 서가회(徐家匯) 성당에 들렀다. 이 성당은 '개방' 지구라서 자유롭게 안내할 수 있단다. 그러나 성당 입구에 들어서는 순간 가이드의 표정은 또다시 굳어 있었다. 성당 안으로 들어가니 어두컴컴한 가운데 할머니 다섯 분이 기도를 드리고 있었다. 간간이 '성 요셉' '성 마리아' 소리만 확인할 수 있는 긴 기도였다.

그 옆에 앉았다. 마지막 순례 여정을 이렇게 마친다는 것이 유감스러웠다. 그러나 가슴 깊숙이에서는 그보다 더 진한 아픔이 저며왔다. 책도 없이 교송으로 바치는 할머니들의 기도 소리가 성체등만

이 어슴푸레하게 빛을 발하는 성당 안에 긴 여운으로 울려 퍼졌다. 성체등을 바라보는 두 눈에는 어느새 눈물이 고여 있었고 눈물은 두 뺨을 타고 길게 흘러내렸다.

횡당 신학교 성당에서 첫 미사를 봉헌한 성인은 조선에서 타고 온 배의 수리가 끝나자 배 이름을 '라파엘호'라고 지었다. 대천사 라파엘은 여행자들의 수호자다. 그리고 8월 31일 페레올 주교와 다블뤼 신부, 그리고 조선에서 온 11명의 신자 들과 함께 상해를 출발했다. 조선을 향해서.

제**2**장

나바위에서
미리내까지

천신만고 끝에 다시 밟은 조국 땅
금의환향 길이었지만 그 감격도 잠시뿐
이제 성인은 목자 잃고 흩어진 양 떼를 찾아
서울과 은이로, 동산리와 단내로 경기도 땅을 밤길 타고 헤맨다.
언제 붙잡힐지 모르는 위험한 순간들을 성모 어머니에게 의탁하면서
가시덤불과 풀숲을 헤쳐간다.

1. 사제가 되어 입국한 나바위

전북 익산시 망성면 화산리. 충청남도와 전라북도의 접경으로 흐르는 금강을 끼고 있는 이 지역은 우리나라 제일의 곡창 호남평야가 시작되는 곳이기도 하다. 사방을 둘러봐도 푸른 평야뿐인 이곳에 '화산'(華山)이라는 작은 산이 오뚝 솟아 있다. 산이 너무 아름답다고 해서 붙인 이름이라고 한다.

이 산은 한쪽 기슭에 비단을 펴놓은 것처럼 너른 바위가 있어 나바위(羅岩)라고도 불린다. 이 나바위는 한국 천주교회 역사에서 결코 지울 수 없는 값진 유산을 물려받고 있다. 한국 최초의 사제인 김대건 성인이 사제 신분으로 조국 땅에 첫발을 내디딘 곳이기 때문이다.

성인이 이곳 나바위에 도착한 것은 1845년 10월 12일이었다. 그해 8월 31일 성인은 페레올 주교 등과 함께 파엘호를 타고 상해를 출항했으나 비바람이 짓궂게 심통을 부리는 바람에 양자강 하구에 있는 숭명도에서 며칠 정박해야 했다. 그리고 9월 8일 다시 조선을 향해 숭명도를 떠났다. 세찬 풍랑에 갑판이 부러져 나갔고 배가 침몰하는 것을 막기 위해 돛대를 잘라내야만 했던 모진 항해 끝에 해류에 밀려 도착한 곳이 제주도 부근의 작은 섬이었다.[8] 거기에서 다시 반도 서해안을 거슬러 며칠을 더 항해한 끝에 도착한 곳이 바로 금강 중하류 강경 황산포(黃山浦) 부근의 외딴곳 나바위였다.

성인은 왜 이곳을 택했을까. 정확한 근거는 없지만, 당시 상황을 토대로 이렇게 유추해 볼 수 있을 것이다. 황산벌의 비옥한 곡창지대와 금강을 끼고 있는 강경은 당시 수로를 통한 물자 유통의 요충지였을 뿐 아니라 서해 어장 수산물의 집산지로서 어선과 상선의 내왕이 활발한 하항도시(河港都市)였다. 이런 입지 조건은 성인이 탄 라파엘호가 의심을 받지 않고 입항하기에 적격이었다. 또 나바위 부근에는 박해를 피해 숨어든 교우들이 몇 집 살고 있었는데 라파엘호에 동승한 교우 중에는 부근의 지리와 교우들의 사정에 관해 잘 아

---

8 라파엘호가 표착한 곳은 제주도 제주시 한경면 용수 포구 앞바다에 있는 차귀도였다. 용수 포구 근처에는 성인의 제주도 표착을 기념하는 용수성지가 조성돼 있다.

는 사람이 있었으리라고 추측할 수 있다.

아무튼 40여 일간 항해한 끝에 강경포에 도착한 성인은 그러나 남의 이목이 두려워 강경포구에 내리지 않고 약 3㎞쯤 떨어진 외진 나바위에 배를 댔다. 기해박해(1839년) 이후 6년간 목자 없이 헤매고 있는, 박해의 피로 얼룩진 땅에 조선교회 최초의 조선인 사제가 교구장 주교와 함께 첫발을 내디딘 것이다. 사제직에의 부르심을 받고 조선을 떠난 지 9년 10개월, 부제 신분으로 제물포를 떠난 지 7개월 만이었다.

갖은 역경을 다 거친 후에 도착한 조선 땅이었지만 배에서 내리기는 쉽지 않았다. 서양인 선교사들과 함께 있었기에 사람들의 눈을 피해야 했다. 페레올 주교는 당시 상황을 이렇게 묘사했다.

"우리는 할 수 있는 대로 비밀히 배에서 내려야 했다.… 밤에 신자 2명이 우리를 자기들 집으로 데려가려고 왔다. 그들은 나를 상복 차림으로 배에서 내리게 하는 것이 적당하다고 판단하였으므로 내게 굵은 베로 만든 겉옷을 걸쳐주고 머리에는 짚으로 만든 커다란 모자를 씌웠다.… 그리고 내 발에는 미투리가 신겨졌다…." *(달레, 《한국천주교회사》 하편)*

굵은 베옷을 입은 교구장을 모시고 성인이 배에서 내렸던 그 역사의 현장 나바위에는 오늘날 나바위성당과 나바위 피정의 집이 있다. 성인이 이곳을 거쳐 간 것을 기념해 1897년에 설정된 본당이다. 1907년에 완공된 나바위성당은 한옥 목조건물에 기와를 얹은 것으로 전통 양식과 서구식의 회랑(回廊)이 아름답게 조화를 이루어 전라북도 지방문화재(사적 318호)로 지정된 건물이기도 하다.

김대건 성인이 나바위에 도착한 것을 기념해 건립된 나바위성당.

산 중턱에는 김대건 성인의 상이 세워져 있고, 산 정상에는 복자탑이라고도 부르는 '김대건 순교비'가 금강과 호남평야를 굽어보고 있다. 본당의 신심단체인 일심회(一心會) 회원들이 1955년 나바위의 화강암을 깎아 좌대를 만들고 세웠다는 김대건 순교비는 좌대를 포함한 탑의 높이가 성인이 타고 왔던 라파엘호의 길이와 같게, 또 좌대의 폭은 라파엘호의 너비와 같게 만들어진 것이 특징이다.

이곳 나바위에서 금강까지는 족히 300m가 넘어 언뜻 보기에는 금강을 거슬러 올라온 라파엘호가 나바위 기슭에 댔으리라고는 감히 생각할 수가 없다. 그러나 이 본당 김동준(金東俊) 주임신부를 비롯한 신자들이 전하는 바에 따르면, 일제 하인 1930년대에 금강에 제방 둑을 쌓기 전까지는 밀물 때가 되면 강물이 불어나 산기슭까지 배를 댈 수 있었다고 한다. 산을 돌아 한쪽 기슭으로 가보니 아직도 남아 있는 갈대 풀밭이 그 흔적을 간직하고 있었다. 또 성당에서 100여m쯤 떨어진 논길 한쪽에는 바위가 도톰하게 돋아난 흔적이 보인다. 조선 시대에 곡식을 실어나르기 위해 배를 대던 '나암창'(羅岩倉)이라는 곳이다.

그토록 갈망하던 사제품을 받고 이제 어엿한 사제 신분으로 조국 땅에 첫발을 내디디면서 성인은 무슨 생각을 했을까. 제일 먼저 어머니(고 우술라)를 떠올렸을 것이라고 한다면 지나치게 인간적일까. 10개월 전 부제의 몸으로 서울에 왔을 때도 만나기를 회피했던 어머니, 그때는 약해질까 차마 대할 수 없었던 어머니였지만 이제 어엿한 그리스도의 대리자가 됐기에 자랑스럽게 어머니 앞에 큰절을 올리고 싶었을 것이다.

그러나 이것은 너무나 사치스러운 생각이리라. 사람들의 눈을 피해 칠흑같이 어두운 밤을 기다려 배에서 내려야 했던 성인에게는 어머니 생각보다는 어떻게 하면 장상인 페레올 주교와 다블뤼 신부를 안전하게 모실 수 있을까 하는 염려가 더 앞섰을 것이다. 굵은 베옷을 입은 장상이 조선 땅에 첫발을 내딛는 것을 도우며 초조함과 걱정이 뒤섞인 마음이었을 것이다.

어쩌면 성인은 페레올 주교의 상복 차림을 지켜보면서 한순간 미구에 닥쳐올 자신과 조선교회의 비극적인 운명을 직감했을지도 모른다. 그러나 즉시 고개를 가로저으면서 이렇게 다짐하고 기도했을 것이다. 어둠의 그림자가 나를 결코 위축시킬 수 없노라고. 머뭇거리기에는 할 일이 너무나 많다고. 박해의 바람으로 사방에 흩어진 작은 신앙의 불씨들을 모아 다시 활활 타오르도록 하는 것이 그리스도의 대리자로서 해야 할 일이라고.

페레올 주교를 나바위 인근 교우 집에 모신 후 성인은 서둘러 걸음을 서울로 향했다. 장상(長上)을 모실 거처를 마련하고 서울의 사정을 살피기 위해서였다. 그 길을 가는 성인에게 한 얼굴이 떠오른다. 그토록 죄송스럽고 또 사무치게 그리운 어머니의 얼굴이었다.

2. 솔뫼와 성인 집안 이야기

　　김대건 성인의 어머니 고(高) 우르술라(1798~1864). 장흥
고씨 집안이라는 것 외에 그녀 생애에 대해서는 알려진 바가 거의
없다. 그러나 맏아들을 하느님께 살아 있는 제물로 바친 그녀는 한
국인 첫 사제의 어머니라는 영예와는 달리 비련의 운명을 짊어진 여
인이었다.

　　15살 소년 김대건을 품에서 떠나보낸 이후 가슴을 조이며 살아
야 했던 고 우르술라는 기해박해 때에 남편(김제준, 이냐시오)이 순
교하는 등 온 집안이 풍비박산되는 비운을 겪어야 했다. 남편이 포
졸들에게 체포된 것은 사위 곽(郭)가의 밀고에 의한 것이어서 충격
이 더더욱 컸다. 그 정신적 충격에서 헤어나지 못한 고 우르술라는

순교의 월계관도 쓰지 못한 채 교우들 집을 헤매며 문전걸식으로 지내는 처지가 됐다.

이미 1843년에 중국 땅 백가점에서 어머니의 이런 소식을 전해 듣고 가슴이 찢어지는 듯한 아픔을 겪었던 성인은 그러나 2년 후 자신이 부제 신분으로 서울에 들어왔을 때 교우들이 어머니를 데려오는 것조차 금하였다. 모자간 혈육의 정이 행여나 하느님 뜻을 이루려는 더 큰 사명에 방해가 될까 해서였다. 그러했던 만큼 그리스도의 대리자인 사제 신분으로 다시 고국에 돌아온 성인에게는 어머니를 향한 사무치는 그리움과 연민의 정이 불쑥불쑥 솟아나지 않을 수가 없었을 것이다.

그 어머니를 향한 애틋한 심정을 가슴 가득히 안고 서울로 올라가는 성인에게 고향 솔뫼가 아스라하게 피어오른다. 충청남도 당진시 우강면 솔뫼로 132. 소나무 숲으로 우거진 작은 묏등 솔뫼는 성인이 태어나 어린 시절을 보낸 곳이었다. 여기서 성인 집안에 대해 돌아본다.

김해 김씨 안경공파에 속하는 성인의 집안은 원래 강릉에서 살았으나 성인의 윗 선조 대에서 충청도 내포(內浦) 지방으로 옮겨와 살게 됐다고 한다. 처음에는 솔뫼에서 약 10㎞쯤 떨어진 예산군 신암면 계촌리에 자리를 잡았다. 성인의 증조할아버지 김진후(비오, 1739~1814, 복자)는 통정대부(通政大夫)라는 당상관(堂上官)에 해당하는 높은 직함을 갖고 주변의 사대부들과 고루 친분을 유지하고 있었다.

성인 집안에서 천주교 신앙을 제일 먼저 받아들인 이들은 김진후의 아들들 곧 성인의 할아버지들이었다. 김진후는 종현·택현·한현(종한)·희현 등 네 아들을 두었는데 큰아들 종현과 둘째인 택현이 먼저 입교한다. '내포의 사도'라고 불리는 이존창(루도비코 곤자가, 1752~1801)의 권유를 통해서였다. 김진후는 처음에는 천주학에 별 관심을 두지 않다가 두 아들이 입교한 뒤 몇 년이 지나 비오라는 세례명으로 입교한다. 셋째 한현 곧 종한(안드레아, ?~1816, 복자)과 넷째 희현(루도비코)은 아버지가 입교한 후에 신앙을 받아들인 것으로 추정된다.

1791년 진산사건9)으로 신해박해가 일어나자 김진후는 관가에 끌려가 문초와 협박을 받는 등 고초를 겪었다. 이 사건을 계기로 김진후의 아들들은 뿔뿔이 흩어지게 된다. 큰아들 종현은 전라도 쪽으로 내려갔고, 셋째 아들 한현(안드레아)은 경상도 북부로 피란을 갔다. 둘째 아들이자 김대건 성인의 조부인 택현은 계촌리에서 멀지 않은 솔뫼에 자리를 잡았다.

김진후는 1801년 신유박해 때에 다시 잡혀 모진 고문에 견디다

---

9 충청도 진산(당시는 전라도)의 윤지충(바오로)과 그의 이종사촌 권상연(야고보)이 조상의 신주를 불태우고 제사를 거부한 사건. 이로 인해 박해(신해박해)가 일어나고 두 사람은 한국 천주교회 최초의 순교자들이 된다. 두 사람은 2014년 서울 광화문 광장에서 122위와 함께 복자로 선포됐다.

못해 배교 의사를 밝히고 유배 조치를 당했다가 1805년에 다시 잡혀 해미읍에 투옥됐다. 이때부터 김진후는 끝까지 배교하지 않았고 투옥된 지 10년 만인 76세 때에 옥사한다. 성인 집안의 첫 순교자가 된 것이다. 셋째 아들 한현은 경상도 영양 우련밭으로 피신하여 열심히 신앙생활을 하다가 배교자의 밀고로 붙잡혀 1816년 대구 감영에서 참수형으로 순교했다. 솔뫼에서 계속 머물러 있던 둘째 아들 택현은 첫째 부인과 사별하고 재혼했는데, 재혼한 부인이 바로 이존창의 딸 이 멜라니아였다. 그리고 둘 사이에서 성인의 부친 김제준이 1796년에 태어났고, 김제준은 고우르술라를 아내로 맞아들여 1821년 아들 재복(再福)을 낳았다. 그가 바로 김대건 성인이다.

그러나 계속되는 지방 박해와 관리 포졸들의 괴롭힘에 견디다 못해 택현은 성인이 6살 때인 1827년 정해 박해를 피해 가족을 이끌고 솔뫼를 떠나 서울 청파동을 거쳐 경기도 용인 한덕동(용인시 처인구 이동면 묵리)으로 피신하게 된다. 그리고 얼마 후 산 너머 골배마실(용인시 처인구 양지면 남곡리)로 자리를 옮겼다. 그때까지 세례를 받지 못했던 김제준은 1836년 초 서울 정하상의 집으로 찾아가 모방 신부에게서 이냐시오라는 이름으로 세례를 받았고, 그해 부활절을 전후해서 김대건 성인은 골배마실 인근 은이공소에서[10] 안드레아라는 세례명으로 영세하게 된다.

10 은이공소는 지금은 은이성지(용인시 처인구 양지면 은이로 182)로 조성돼 있다.

이렇게 볼 때 솔뫼는 김대건 성인이 태어나 유년 시절을 보낸 곳이기는 하지만 성인에게는 아득한 어린 시절의 일이어서 특별한 기억은 별로 없는 듯싶다. 그러나 내포의 한가운데 자리한 솔뫼는 성인의 집안에 신앙의 불씨를 지펴준 곳이다. 그 신앙의 불씨는 너무나 가냘파서 휘몰아치는 바람에 곧 꺼져버릴 듯 위태위태했지만, 끝내 꺼지지 않고 알불로 되살아났다. 수선탁덕(首善 鐸德)의 성인 김대건을 배출했을 뿐 아니라 기해박해 순교자들인 김제준, 김종한의 딸이자 성인의 당고모인 김 데레사(1797~1840, 성녀)를 비롯해 집안에 모두 10명의 순교자가 나왔다는 사실이 바로 그 증거다.[11]

그 역사의 현장 솔뫼는 오늘날 한국의 대표적인 성지 가운데 하나로 잘 가꾸어져 수많은 순례객에게 성인의 고귀한 생애와 신앙의 참다운 의미가 무엇인지를 말없이 일깨워주고 있다. 소나무 숲으로 우거진 동산에는 1977년에 세워진 성인의 동상이, 그 오른쪽에는 '복자 탁덕 안드레아 김대건 순교 100주년 기념비'와 '성인 김대건 신부 시성 기념비'가 사이좋게 자리를 잡고 있다. 동산 아래쪽에는 성인이 살았던 당시에도 있었던 것으로 추정되는 우물이 한여름 성지를 찾는 순례객들의 갈증을 풀어주고 있고, 성지 입구를 들어서면 맞

---

11 성인 집안의 순교자는 증조부 김진후, 종조부 김종한, 당고모 김 데레사와 손연욱 부부, 부친 김제준, 김대건 성인, 1866년 병인박해 때 공주에서 순교한 당숙 김명집(루도비코)과 재당숙, 해미에서 순교한 성인의 사촌 김 베드로와 그의 동생 김 프란치스코 등 모두 10명이다. 손연욱(요셉, ?~1824)은 1817년 을해박해 때 붙잡혀 7년이나 옥고를 치르다가 풀려났으나 얼마 후 그 여독으로 숨을 거뒀다.

은 편 안쪽에는 비녀를 찌른 한복 차림의 성모 마리아가 아기 예수를 안고 있는 '솔뫼 성모상'이 순례객들을 반겨준다.

솔뫼성지의 김대건 성인 상.

솔뫼성지에는 그러나 성인의 동상과 깨끗하게 단장된 주변, 그리고 피정의 집을 제외하고는 아직 성인의 생가터가 복원되지 않아 일말의 안타까움을 남기고 있다. 다행히도 솔뫼 피정의 집 관장 윤인규 신부는 9월 16일 대전교구의 김대건 성인 순교 150주년 기념행사를 기해 생가 복원 공사를 시작하기로 하고 현재 생가 설계도를 작성 중이라고 전해 준다.[12]

피정의 집 현관에 비치된 솔뫼 성지 안내문을 펴보니 '솔뫼와 영성'이라는 제목이 눈에 띈다.

----

12 1996년의 상황이어서 지금과는 많은 차이가 있다. 지금은 생가터를 비롯해 기념 성당과 기념관, 원형 공연장 겸 야외 성당 등 성지 곳곳이 새롭게 조성되고 단장돼 있다.

"김 신부님의 증조부 진후는 신앙과 배교라는 나약한 인간의 모습을 이곳 '솔뫼'에서 드러냈다. 그래서 '솔뫼'는 신앙의 '못자리'인 동시에 배교의 그늘진 '숲'이기도 하다. 그러나 김진후는 이곳 솔뫼에서 회개하였고, 순교를 결심하였다. 그래서 솔뫼는 인생의 진정한 의미를 발견한 '우물'과 영원한 생명을 위한 투신을 결심한 '솔뫼'인 것이다.… 솔뫼는 지극히 평범한 인간의 삶을 상징하는 동시에 영원한 삶을 발견하기까지 한 인간이 걸어야 할 고뇌의 여정과 완성을 상징한다."

고향 솔뫼에 대한 기억을 되살리는 성인의 심정 또한 마찬가지였을 것이다. 성인은 어린 시절 아마도 골배마실에서 지내던 시절, 이곳 솔뫼와 할아버지들에 관해 이야기를 들었으리라. 그것은 나약함으로 인해 그냥 주저앉고 마는 '세속의 인간'이 아니라 나약함 속에서도 끝까지 진리에 항구하려는 '신앙의 인간'에 대한 이야기였으리라. 그리고 그 이야기는 사제의 신원으로 마침내 조국 땅에 돌아오기까지 성인이 겪어야 했던 격랑의 세파를 극복해 내는 밑거름이 되었으리라.

충청도를 거쳐 서울로 향하는 성인의 뒤를 따라 솔뫼를 돌아 나오는 길에는 한여름의 햇살이 강렬하게 내리쬐고 있었다.

3. 어린 시절 추억 깃든
골배마실과 한덕동

　　충청도를 거쳐 서울로 올라간 김대건 성인은 교우들에게 주교를 모시고 무사히 입국했음을 알리고 페레올 주교를 위해 미리 마련해 두었던 돌우물골(石井洞)의 거처를 손질하는 등 준비를 끝낸 후 다시 강경으로 내려가 페레올 주교를 모시고 올라왔다. 기록에 의하면 적어도 1945년 10월 29일까지는 페레올 주교가 강경 황산 포 부근에 머물렀던 것이 확실해, 성인이 페레올 주교와 함께 다시 서울로 상경한 것은 그해 11월쯤으로 추측된다.

　이때부터 조선 천주교회 최초의 사제로서 성인의 사목 활동이 시작된다. 그리고 그 활동 초기에 성인은 어머니 고 우르술라와 상봉한다. 정확한 기록은 나와 있지 않지만 성인이 어머니를 만난 곳은 골배마실에서였다고 전해온다. 골배마실은 성인이 여섯 살 때쯤 고향 솔뫼를 떠나 이사해 와 소년 시절을 보냈던 곳이다. 또 바로 인근 은이공소에서 세례를 받은 후 사제 성소에 부르심을 받았기 때문에 성인에게 골배마실은 결코 잊을 수 없는 마음의 고향이었다.

1년여 전인 1845년 초 9년 만에 서울에 돌아왔을 때, 성인은 심약해질지 모르는 자신의 마음을 다잡고자 애써 어머니를 외면했었다. 그러나 이제 사제 신분으로 다시 돌아온 그 누구보다도 먼저 어머니를 만나고 싶어했으리라. 그래서 페레올 주교를 서울에 모신 후 경기도 일원으로 사목 활동을 떠나는 길에 제일 먼저 골배마실로 어머니를 찾아갔을 것이다. 성인의 발자취를 좇는 길, 이번에는 그 골배마실로 발길을 옮겼다.

영동고속도로 하행선을 타고 가다 용인을 지나 양지 톨게이트를 빠져 나오면 용인 이천간 42번 국도를 만난다. 용인 쪽으로 1km쯤 가면 양지 시내 네 거리가 나오고 여기에서 좌회전해 500-600m를 가면 오른쪽에 양지성당이 있다. 골배마실과 은이공소를 관할하는 본당이다. 골배마실은 성당에서 약 1.5㎞ 떨어진 산 계곡에 있었다. 오른쪽으로는 양지컨트리클럽(골프장)이, 왼쪽으로는 양지리조트가 있어, 휴양지 한가운데 박혀 있는 셈이다.[13]

---

13 골배마실의 오늘날 행정 구역상 주소는 경기도 용인시 처인구 양지면 남곡리 2-1이다.

골배마실 성인 생가 자리와 우물터. 앞 부분이 우물터이고 뒤쪽에 생가가 있었다. 생가 자리에는 김대건 성인 상과 야외 제대가 보인다.

200여 평 되는 공간 한가운데는 돌 제대가 있고 그 뒤에 성인의 석상이 세워져 있다. 30여 년 전인 1962년 9월에 건립했다는 표식이 새겨져 있다. 성지에는 때마침 수원 지동본당의 주일학교 학생들이 소나기를 흠뻑 맞으면서 순례 기도를 바치고 있었다. 이곳에서 기도한 후 골짜기를 따라 계속 올라가 산등성이를 돌아 은이공소 쪽으로 내려오는, 약 3시간에 걸치는 도보순례 길이란다.

양지본당 성지분과장 최남기(57, 로베르토) 씨가 노인들로부터 전해 들은 바에 따르면, 1930년대 초까지만 해도 성인의 석상이 세워져 있던 자리에 기역 자 모양의 초가집이 있었는데 그 집이 성인의 생가였다. 그리고 그 집에는 수녀나 동정녀로 추측되는 여인 2

명이 살고 있었지만, 홍수가 나서 집이 떠내려간 후에는 그 여자들도 어디론가 사라졌다고 한다. 지금 생가는 자취조차 확인할 길 없지만 생가터 한쪽에 우물의 흔적이 있어 이곳이 사람이 살았던 곳임을 짐작하게 해준다.

바로 이 자리에서 성인은 그토록 그리워하던 어머니 고 우르술라를 만났다. 헤어진 지 10년 만의 재회였다. 15세 어린 아들을 만리타국으로 떠나보낸 후 가슴 졸이며 밤잠을 설쳐야 했던 어머니, 남편을 순교의 제단에 바쳤으나 그 충격에서 헤어나지 못한 채 방황하는 어머니를 마주한 성인의 심정은 어떠했을까. '사제의 어머니'라는 기쁨을 안겨드리기에 앞서 '불효막심한 맏이'라는 인간적인 괴로움이 성인의 마음을 더욱 아프게 했을지 모른다.

이승에서는 어쩌면 다시는 영영 보지 못하리라고 생각했을 아들을, 그것도 어엿한 사제의 몸이 되어 찾아온 아들을 대하는 어머니 고 우르술라의 심경은 또한 어떠했을까. 큰절을 올리는 아들의 인사를 받으면서 어머니는 벅찬 감회와 함께 지난 시절의 한 맺힌 응어리들이 한꺼번에 솟구쳐 올라와 차마 주체하기가 힘들었으리라.

성인이 어머니와 함께 얼마나 오래 지냈는지는 알 길이 없다. 다만 훗날 성인이 옥중에서 페레올 주교에게 보낸 편지(스무 번째 서한)에서 "10년이 지나 며칠 동안 아들을 볼 수 있었으나 다시 곧 아들과 헤어져야 했습니다"라고 쓴 것으로 보아, 어머니와 함께 지낸 기간이 얼마 되지 않았음을 유추할 수 있을 따름이다.

어머니와 감격 어린 그러나 가슴 아픈 재회를 한 성인은 자신이 어릴 때 뛰놀았던 마을을 둘러보았다. 뱀이 많이 나오는 골짜기 마을이라고 해서 골배마실이라고 불리던 이 마을에서 성인은 철이 들었다. 할아버지로부터 천자문을 익혔고, 부모로부터 신앙의 싹을 틔웠다. 구전에 따르면 성인은 골배마실 뒷산 너머에 있는 은이공소를 다니면서 첨례[14]에 참석했고, 또 산등성이 두어 개 너머 한덕동에 있는 서당으로 천자문을 배우러 다녔다고 한다.

그러나 일설에 의하면 성인은 어린 시절 골배마실로 이사 오기에 앞서 한덕동에서 살았다는 주장도 있어 한덕동을 찾아가 보기로 했다. 한덕동은 5공화국 시절 대통령이 즐겨 찾았다는 신원컨트리클럽이 있는 용인군 이동면 묵리에 있었다 한덕동 뒤쪽의 깊은 골짜기를 광파리골이라고 부른다.

묵리에 살고 있는 민기순(78) 할머니의 말에 의하면, 성인 가족은 솔뫼에서 먼저 한덕동의 광파리골로 이사해 3년쯤 살다가 산너머 골배마실로 옮겨갔다고 한다. 하지만 또 다른 주장에 따르면, 성인이 광파리골에서 먼저 살았으나 그 기간은 얼마 되지 않은 것으로 추정된다. 다만 광파리골에는 서당이 있어 성인은 골배마실에 살

---

14 첨례(瞻禮)는 축일의 옛말이다.

면서도 광파리골의 서당으로 한문을 배우러 다녔다는 것은 거의 확실한 듯하다.

성인의 가족이 광파리골로 이사하게 된 것은 아마도 성인의 친척이 광파리골에서 살았기 때문으로 추측된다. 실제로 광파리골을 찾아가니 골프장으로 막힌 산골 왼쪽으로 김해 김(金)씨 집안의 가족 묘지가 10기가량 있고, 최근에 세운 것으로 보이는 성모상이 서 있다. 제일 윗자리에 안장된 김동식(金東植)의 탄생 연대를 추정해 보니 1820~1830년대로 거슬러 올라가, 성인의 가족이 이곳으로 이사했을 당시부터 이 집안이 여기에 있었음을 확인할 수 있었다. 그러나 주변이 온통 골프장으로 변해 있어 이 가족 묘지 외에는 다른 아무런 흔적도 찾아볼 수 없었다.

골배마실에서 광파리골까지는 어른의 발걸음으로도 쉬지 않고 족히 3시간 이상이 걸릴 뿐 아니라 깊은 산길이어서 성인이 어린 시절 광파리골로 한문을 배우러 다녔다 하더라도 혼자가 아니라 어머니나 아버지 또는 할아버지와 함께 다닐 수밖에 없었을 것이다.

어쩌면 그 길을 오가며 성인은 해미에서 옥사 순교한 증조할아버지 김진후를 비롯해 대구에서 순교한 작은 할아버지 김종한 등 조상들의 신앙과 순교의 삶에 관한 이야기를 듣고 신앙의 싹을 가꾸었으리라. 신학생 시절 목숨의 위협 속에서도 조선 입국로 탐사에 용감히 나설 수 있었던 것도 어쩌면 깊은 산골짜기를 누비던 어린 시절의 생활이 바탕이 됐기 때문이리라.

사제가 되어 마침내 골배마실에 돌아온 성인은 주변 골짜기들을 바라보며 한동안 어린 시절의 감회에 젖어 있었다. 그러나 성인은 지난 시절의 추억에 무한정 젖어 있을 틈이 없었다. 박해를 피해 살면서 목자의 손길을 기다리고 있는 숱한 양들을 찾아보아야만 했다. 그래서 성인은 골배마실 인근 은이공소를 중심으로 용인 이천 지방으로 교우들을 찾아다니기 시작한다.

4. 경기 일원 사목의 거점 은이공소

 은이마을. 경기도 용인시 내사면 남곡리에[15] 있는 은이는 김대건 성인이 소년 시절을 보냈던 골배마실과 산 하나를 사이에 두고 있는 마을이다. 이 마을에 언제부터 교우들이 살았는지는 확실치 않으나 성인의 가족이 이곳으로 오기 전인 1820년쯤에 이미 한이형(라우렌시오, 1799~1846, 성인)을 비롯한 여러 교우가 살고 있었다.
 인근 골배마실에서 살던 소년 김대건은 대축일 때면 부모와 함께 은이로 건너와 첨례를 지내곤 했다. 1836년 초에 입국한 모방 신부는 은이에 공소를 세우고 은이공소를 중심으로 경기도 일원에 대한

---

15 지금 주소는 경기도 용인시 처인구 양지면 남곡리.

전교 활동에 나섰다. 바로 그해 부활절을 전후해서 성인은 은이공소에서 모방 신부로부터 '안드레아'라는 세례명으로 영세했다. 모방 신부가 소년 김대건을 눈여겨보고 신학생으로 발탁한 것도 이곳에서였다. 따라서 은이공소는 성인에게 골배마실과 더불어 사제 성소의 싹을 틔운 성소의 요람인 셈이다.

10년 만에 사제가 되어 다시 찾은 은이는 기해년(1839)의 혹독한 박해의 와중에서도 별다른 피해를 보지 않고 옛 모습 그대로 성인을 반겨주었다. 은이가 박해를 피할 수 있었던 것은 당시 인근 양지현청(縣廳)에서 교우들을 잡아들이는 직책을 맡고 있던 관리의 딸이 교우여서 차마 은이에는 손을 대지 못했다고 4대째 은이에 살고 있는 김진수(79, 토마스) 할아버지는 전한다.

골배마실에서 어머니와 재회한 성인은 이곳 은이공소에 떨리는 마음으로 미사를 봉헌했으리라. 그리고는 훌륭한 사제가 되어 돌아오겠다고 다짐했던 10년 전의 일을 떠올리면서 신앙의 불씨를 가슴속에 묻어둔 채 숨어 지내는 교우들을 찾아 알토란 같은 불덩어리가 활활 타오르게 하리라고 굳게 다짐했을 것이다.

기해박해는 물론 1866년 병인박해 때에도 큰 화를 입지 않았고 1927년 양지본당이 서기까지 본당의 모태 역할을 해온 은이공소에는 1950년대까지만 해도 많은 교우가 살고 있었으나 이후 쇠락하기 시작했고, 이제는 옛 모습이 흔적도 없이 사라져 버린 채 7~8가구의

은이공소터에 새롭게 조성된 은이성지. 2003년 성지 전담 신부가 부임하면서 본격적 성지 개발이 시작됐다. 2016년 김대건 신부 순교 170주년을 맞아 상해 김가항 성당의 모습을 복원한 새 기념 성당을 건립해 봉헌하고, 성당 옆에 한옥 형태의 '김대건 기념관'도 조성했다.

교우들만이 남아 흘러간 역사의 한 자락을 간직하고 있을 따름이다.

그나마 옛 공소터 인근의 고추밭에는 플라스틱으로 만든 성인의 상이 서 있어 이따금 찾아오는 순례객들에게 이 지역이 은이공소 터였음을 말없이 전해 주고 있다. 이 상은 지난 6월 양지본당 교우들과 각처의 신자들이 마련한 기금으로 총 1,800여 평의 공소 부지 중 500여 평의 땅을 매입, 기념 미사를 봉헌하면서 함께 세운 것이다. 한국 최초의 사제에게 성소의 요람이었던 그 역사의 땅이 성인이 순교한 지 150년이 지나서야 겨우 그것도 일부분만이 사적지로 자리 잡기 시작한 것이다.

은이를 뒤로하고 한여름의 소나기가 흩뿌리고 간 길을 따라 500여m를 내려오자 오른쪽에 창고 같은 옛 건물이 허물어져 가는 상태로 방치돼 있고 주변에 잡초들로 무성한 작은 평지가 있다. '벌터'라는 곳으로 1927년에 설립된 양지본당의 첫 성당 자리이다. 이제는 아무도 살지 않는 폐허로 변모해 버렸지만, 성인이 살았던 당시에는 이곳에도 교우들이 있었다. 그중 한 사람이 조사옥이었다.

　조사옥이 어떤 인물이었는지 또 그의 세례명은 무엇인지에 대해서는 제대로 알려지지 않고 있다. 다만 그는 열심한 교우로서 한의사였다고 한다. 따라서 조사옥은 벌터에서 살면서 자신의 의술로 환자들을 고쳐주러 다니면서 비밀리에 전교했을 것으로 추측할 수 있다. 병인박해 때 순교한 이천 단내리의 정은(바오로, 1804~1866)도 조사옥에게 교리를 배워 입교한 사람이었다.

　정은의 증손자 정규량(1883~1953) 신부가 쓴 '정씨가사'에 따르면, 정은은 당시 등창을 앓고 있었는데 조사옥이 단내의 친척 집을 왕래하던 기회에 가끔 들러 등창을 치료해 주면서 교리를 가르쳐 입교시켰다고 한다. 그리고 몇 해가 흘렀는지는 알 수 없지만, 사제가 되어 은이공소로 내려온 김대건 성인은 단내로 정은의 집을 찾아 정은과 그 가족들에게 성사를 주곤 했다. 행정 지역으로 오늘날 이천시 호법면 단천리에 속하는 단내는 은이공소에서 60리 길이 넘는다. 그 길을 성인은 남의 눈을 피해 밤을 도와 산길을 타고 성사를 주러 다닌 것이다.

'정씨가사'에 의하면, 성인은 미사 짐도 없이 단내에서 10리가 채 못 되는 동산 바로 밑 동네(현 이천시 호법면 동산리)에서 와서 고해성사만 주고 바로 떠났다고 한다. 한밤에 복사와 함께 대문 밖에 와 "정 생원, 정 생원" 하고 정은을 불러 깨우면 가족들이 모두 일어나 벽에 깨끗한 종이를 한장 붙이고 그 위에 십자고상을 모셔 건 다음 성사를 볼 준비를 했다. 성인은 10여 명의 고해자에게 성사를 준 후 다시 배마실(용인시 처인구 양지면 남곡리, 현 양지본당 자리)을 거쳐 은이공소까지 가면 날이 샜다고 한다.

성인이 성사를 주러 다녔던 단내에는 오늘날 정은 바오로의 5대손인 정범진(84, 필립보) 할아버지(수원교구 정운택 신부의 부친)가 살고 있었다. 정 할아버지는 "김대건 신부님이 오셔서 성사를 주고 가실 때 집안 식구들이 전송하러 따라나서면 '이렇게 밤중에 다니는 것은 나 자신보다도 교우들에 대한 외인의 이목 때문이니 부디 나오지 말고 집에 있으라'고 당부를 하시면서 떠나셨다"고 전한다. 정 할아버지는 또 "그래도 뒤쫓아 나가 집에서 500여m쯤 떨어진 '오방이' 산모퉁이까지 가보지만 김 신부님과 복사는 어느새 사라져 보이지 않고 섭섭한 마음만 안고 돌아올 뿐이었다"면서 오방이 산모퉁이까지 안내한다. 오방이산은 순교자 정은의 묘지가 있는 산이었다.

묘지에 올라보니 성인이 거쳐서 왔다는 동산리 묏등이 눈앞에 펼쳐져 있고 그 아래 단천(丹川)이 흐르고 있다. 성인은 저 산 아래로 해서 개울을 건너 정은의 집으로 왔으리라. 그러고는 바로 오른쪽

오방이 산모퉁이를 돌아 산길로 해서 다시 은이로 돌아갔으리라. 동산 묏등을 바라다보니 성인이 금방이라도 저 동산 밑으로 해서 건너올 것만 같다.[16]

단내 마을의 정범진 할아버지가 순교자 정은의 묘지에서 김대건 성인이 다녔던 오방산 모퉁이를 가리키고 있다

이역만리 마카오까지 내려가 공부를 한 후 사제가 되기까지 성인은 얼마나 험한 여정을 겪어야만 했던가. 그리고는 천신만고 끝에 다시 밟은 조국의 땅. 금의환향(錦衣還鄕) 길이었지만 그 감격도 잠시뿐 이제 성인은 목자 잃고 흩어진 양 떼를 찾아 서울과 은이로, 동산리와 단내로 경기도 땅을 밤길 타고 헤맨다. 언제 붙잡힐지 모르는 위험한 순간들을 성모 어머니에게 의탁하면서 가시덤불과 풀숲을 헤쳐간다.

그 성인의 뒤를 잇는 오늘의 사제들 모습은 어떠한가. 남몰래 왔다가 훌쩍 떠나 버리는 성인의 뒷모습을 바라보다가 마음 가득 섭섭

---

16 김대건 성인이 다녀가고 순교자 정은 묘지가 있는 이 일대는 현재 수원교구의 성가정성지로 조성돼 있다.

함과 안타까움을 안고 돌아서곤 했던 그 신앙 선조들을 잇는다는 오늘의 우리 신자들은 또 어떻게 살아가고 있는가.

너무 풍요로워졌다. 풍요로운 세상, 그 안에 살면서 우리는 몸도 마음도 너무 풍요로워졌구나. 그래서 빈 마음이, 가난한 마음이 필요하리라. 한여름의 햇살을 받아들인 대지는 가진 것 모두 벗어던지고 선조들의 저 가난한 마음으로 돌아서라고 뜨거운 열기를 한 아름 토해내고 있었다.

5. 서해 해상입국로 탐색과 체포

      지방에 흩어져 사는 신자들을 위한 김대건 신부의 사목 활동 중심지가 용인의 은이공소라고 한다면, 서울에서 김대건 신부의 활동 본거지는 사대문 안에 있는 돌우물골(石井洞)이었다. 돌로 쌓은 우물이 있었다고 해서 불리던 이름이다. 석정동은 지금의 종로 2가 탑골공원 북쪽인 종로구 익선동과 경운동, 운니동이 겹치는 부근이다.[17]

---

17 1990년대 중반까지 돌우물골의 위치를 정확히 파악하지 못하고 이렇게 추정했다. 그러나 이후 관련 연구를 통해 김대건 신부의 서울 돌우물골 집은 '남별궁(南別宮) 뒤편 우물가를 지나 두 번째 초가'로 지금의 소공동 조선호텔 자리임이 규명되었다. 이에 관해서는 가톨릭평화신문 제1594호, 2020년 12월 25일 자 7면 참조.

성인이 돌우물골과 연관을 맺은 것은 1845년 봄이었다. 중국 요동 땅에서 체류하면서 압록강 하류 의주 변문과 두만강의 경원을 통해 4차에 걸친 선교사 입국로 탐사를 마친 성인은 1845년 1월 1일 마침내 의주 변문으로 입국하는 데 성공하고 1월 15일 서울에 도착했다. 성인은 교우들이 마련한 거처에서 지내면서 페레올 주교의 지시대로 서해를 통한 선교사 영입로를 개척하고자 충청도의 바닷가 부근에 집을 구하려고 했으나 뜻을 이루지 못했다. 대신에 성인은 서울 돌우물골에 집을 한 채 구했다. 그리고 1846년 10월 드디어 사제 신분으로 황산포구를 통해 조선에 들어온 성인은 곧장 서울로 올라가 자신이 사두었던 돌우물골 집을 페레올 주교 숙소로 정리한 후 페레올 주교를 그곳으로 모셨다. 따라서 석정동은 한국교회 최초의 주교관이 있던 곳이기도 한 셈이다.

성인은 이곳을 거처로 하여 남대문 밖 서빙고와 미나리골 등으로 교우들을 찾아다니며 사목 활동에 나섰다. 미나리골은 오늘날의 서대문구 충정로 2, 3가와 미근동(渼芹洞)에 걸쳐 있는 지역으로 미나리꽝이 아주 넓게 퍼져 있어 붙여진 이름이다.

기해박해는 끝이 났지만, 천주교는 이미 사교(邪教)로 금령이 내려져 있던 위험한 시기였다. 더욱이 조정에서는 기해박해 때 교우들에 대한 문초를 통해 성인의 신분에 대해 어느 정도 파악하고 있던 터였다. 언제 붙잡힐지 모르는 위험천만한 순간들이 곳곳에 도사리는 가운데 성인은 불굴의 기개와 담대한 정신으로 흩어져 있는 신자들을 찾아 나선 것이다.

기해박해 이후 단 한 번의 성사 생활도 하지 못했던 신자들은 비밀리의 접촉을 통해 성인을 맞아들였고, 뜨거운 눈물 속에 참회의 성사를 보았을 것이다. 미사성제를 통해 성체 안에 살아계시는 주님을 온 마음으로 모셔 들였을 것이다. 비록 알아들을 수 없는 라틴어 미사였지만 이루 말할 수 없는 벅찬 기쁨을 맛보았으리라. 그리고 성인은 그 교우들을 통해서 자신의 사제 직분을 매 순간 새롭게 재확인하면서 양들을 위해 목숨을 바치는 착한 목자의 삶을 끝까지 충실히 수행할 수 있도록 해주시기를 간절히 기도드리곤 했으리라.

그러나 이러한 사목 생활은 오래가지 않았다. 서울과 경기도 일원을 오가며 약 6개월간 사목을 하던 성인에게 페레올 주교는 새로운 지시를 내린다. 서해 해로를 통한 선교자 입국로를 개척하라는 것이었다. 교구장의 명을 받들어 성인은 임성룡(베드로)·엄수·김성서(요아킴) 등 7명의 신자 사공과 함께 한강변 마포 포구를 출발한다. 1846년 5월 14일이었다.

오늘날 여의도와 강북을 잇는 마포대교의 북단에 자리한 마포는 뚝섬·노량·용산·양화진과 함께 한강의 오강(五江) 중 하나로서 한강을 통한 수상 운송의 중심지였다. 그뿐 아니라 마포는 한강변의 아름다운 풍치를 즐길 수 있는 곳이어서 조선 초기부터 경도십경(京都

마포대교 북단에서 본 옛 마포 포구 부근. 성인은 이 포구를 출발해 서해를 통한 입국로 탐사에 나섰다.

十景)의 하나로 불렸다. 그래서 조선 성종의 친형인 월산대군(月山 大君)은 '이리저리 배 저어 노닐다 석양 녘에 돌아오니 저 멀리 갈매 기들 반가우냥 날아드네'라고 노래하기도 했다.

하지만 마포에 배를 띄우고 서해로 출범하는 성인에게는 마포의 아름다운 풍광을 즐길 여유가 없었다. 이미 수만 리 길의 항해를 했고 갖은 위험을 다 겪은 성인이어서 이제는 배를 타는 데도 이력이나 있었지만, 선교사 영입로 개척이라는 조선교회를 위한 중차대한 목적을 띠고 떠나는 길에는 무거움이 짓누르고 있었을 것이다.

출발은 순조로웠다. 성인을 태운 돛단배는 순풍을 타고 한강을 따라 서해로 내려가 11일 만에 무사히 연평도 앞바다에 도착했다. 서해 어장의 중심지인 연평도에는 무수한 고깃배들이 떠 있었고, 성인이 탄 배의 사공들은 그 고깃배들로부터 고기를 산 후 이제는 남북이 갈리어 밟을 수 없는 황해도 옹진반도 남쪽의 순위도(巡威島) 포구로 가서 팔려고 내놓았다. 고깃배로 위장하려는 일종의 위장 전술이었다. 그런 다음 다시 뱃길을 재촉해 소청도와 대청도를 거쳐 5월 29일 백령도에 도착했다.

성인이 백령도에 온 것은 이 일대에 중국의 어선들이 많이 있어서 이들을 통해 중국교회와 연락을 취해 선교사를 영입하기 위해서였다. 중국의 어선들은 고기철인 음력 3월 초순부터 백령도 근해로 모여들기 시작해 고기를 잡은 후 5월 하순쯤 중국으로 돌아가곤 했다. 성인은 이러한 사정을 이용해 중국교회와 연락을 취하려고 한 것이다.

그러나 중국인들은 배를 댈 수는 있었지만 조선 땅에 내리지 못하게 돼 있었다. 게다가 해안 주변 높은 곳에서는 조선 병사들이 삼엄한 경비를 펴고 있어서 중국인들이 섣불리 배에서 내릴 수도 없었다. 그래서 성인은 밤을 이용해 직접 중국 배로 찾아갔다. 그 배의 선주를 만나 페레올 주교의 서한을 비롯, 자신이 베르뇌(S.F. Berneux, 1814~1866, 성인)·메스트르·리브와 신부 등에게 보내는 편지, 그리고 중국 교우 두 사람에게 보내는 편지 등 모두 6통의 편지와 황해도 지방을 그린 조선 지도 2장을 전달했다.

황해도 지방의 섬들과 바위와 이름난 지역들을 그린 이 지도는 선교사들이 서해안을 통해 입국할 때 활용하도록 하기 위한 것으로 성인이 백령도로 오는 도중에서 직접 조사하여 작성한 지도였다.

하느님의 도우심이었는가. 지금까지는 일이 모두 순조롭게 풀려나갔다. 이제 백령도를 떠나 돌아오는 일만 남아 있었다. 백령도를 떠나 6월 1일 다시 순위도로 돌아왔다. 성인을 비롯한 신자 사공들은 안도의 숨을 내쉬었다. 마포를 출발한 이후 가슴을 졸여왔던 순간순간들이 아득한 옛일처럼 느껴졌다. 이번 여행은 성공을 거두었다고 생각하면서 희망에 부풀기 시작했다. 며칠 전 백령도에 가는 길에 순위도에 들러서 팔려고 내놓았으나 팔지 못해 저려두었던 고기들이 채 마르지 않아서 성인 일행은 순위도에서 며칠을 더 체류하게 됐다.

낯선 배가 정박해 있는 것을 안 순위도 등산진(登山鎭) 관장이 찾아와 성인에게 중국 배를 쫓아내는 데 성인의 배를 빌려달라고 요청했다. 양반 행세를 하고 있었을 뿐 아니라 실제로 양반 신분이었던 성인은 양반의 배를 부역하는 데 사용할 수는 없다며 거절했다. 양반의 체면 문제보다도 배를 빌려주게 되면 앞으로 선교사 영입을 위해 이 지역을 왕래하는 데 위험하리라고 판단한 것이다. 그러나 그것이 화근이 될 줄 어떻게 알았으랴.

성인의 거절에 화가 난 관장은 부하들을 시켜 사공 2명을 관가로 끌고 가 문초를 했고, 성인이 천주교인이라는 것을 알아내

밤중에 배를 급습한 것이다. 성인은 그때의 상황을 이렇게 표현
했다.

"그들은 격분하여 제게 달려들었습니다. 그들은 제 머리털
을 잡아 한 움큼 뽑아내고, 저를 줄로 묶고, 발로 차고 주먹으
로 때리고 매질하였습니다."   (스무 번째 서한)

6. 압송과 문초…순교

관리들에게 붙잡힌 김대건 성인은 곧장 등산진영으로 끌려
가 문초를 받기 시작했다. 1946년 6월 5일이었다. 관장은 성인이
천주교인임을 확인하고는 배교를 강요했지만, 성인은 오히려 천주
교의 교리를 설파하고 나섰다. 구경꾼들이 나라에서 금하지만 않으
면 자기들도 믿겠다고 말했을 정도로 성인의 가르침은 힘이 있었다.

닷새 후 성인은 해주에 있는 황해도 감영으로 이송됐다. 이곳에
서도 성인은 황해도 감사의 고문 협박에 전혀 굴하지 않았다. 처음
에는 중국인이 아닌가 하여 성인을 조심스럽게 대했던 황해도 감사
는 성인이 중국 배와 접촉한 사실을 밝혀내고 중국 배에 맡겼던 편
지들을 찾아왔다. 서해를 통한 선교사 영입로 개척 노력이 물거품

이 되는 순간이었다.

이후 칼을 쓰고 쇠사슬로 결박당한 채 옥에 갇혀 지내던 성인은 조정의 명령에 따라 서울로 압송된다. 국사범(國事犯)을 결박할 때나 쓰는 붉은 오랏줄로 결박당한 채 검은 자루를 머리에 뒤집어 쓰고 서울로 향하는 성인의 모습은 성서에 나오는 '고난받는 야훼의 종'을 연상케 했다.

"그는 온갖 굴욕을 받으면서도 입 한번 열지 않고 참았다. 도살장으로 끌려가는 어린 양처럼, 가만히 서서 털을 깎이는 어미 양처럼 결코 입을 열지 않았다."   (이사 53, 7)

1846년 6월 21일 마침내 성인은 서울 포도청 옥사에 수감됐다. 당시 서울에는 좌포도청과 우포도청 두 개의 포도청이 있었다. 좌포도청은 지금의 종로 3가 단성사 자리에 있었고, 우포도청은 광화문 네거리 지금의 동아일보 사옥과 광화문우체국 자리에 있었다. 그러나 당시 천주교 신자들을 색출하는 데 앞장섰던 형조판서 출신의 임성고(任聖皐)가 우포도대장을 맡고 있었던 것으로 보아 성인은 아마도 우포도청 옥사에 갇혔을 것이다.

서울에 압송된 다음 날부터 성인은 문초를 받기 시작했다. 조정에서는 처음에는 성인을 중국인으로 알았고 성인도 자신이 우대건(于大建)이라는 중국인라고 밝혔으나 7월 19일의 6번째 심문

옛 우포도청이 있던 자리임을 알려주는 표석.

때에 비로소 자신이 조선 사람으로 용인 태생인 김재복(金再福, 성인의 아명)이라고 사실을 털어놓았다. 성인은 모두 40차례 문초를 받으면서 온갖 위협과 회유에도 굴복하지 않고 오히려 힘있게 신앙을 증언했다. 탁월한 식견과 해박한 지식으로 당당하게 자신의 주장을 설파하는 성인을 보고 조정의 대신들조차 성인의 재능을 아까워했을 정도였다.

이렇게 두 달여를 감옥에서 지내면서 성인은 7월 30일에 스승 신부들에게, 8월 26일에는 페레올 주교 앞으로 옥중서한을 써 보낸다. 이 서한들에서 최양업과 페레올 주교에게 어머니 고 우르술라를 보살펴 줄 것을 청한다. 10년 만의 모자 상봉이 불과 며칠 사이에 끝나고 말았는데 이제는 살아서는 다시 못볼 이별의 순간을 앞에 둔 성인은 어머니를 향한 죄스러움에 가슴이 미어지는 듯했다.

그 가운데서도 성인은 한순간 자신이 살아서 감옥 바깥세상을 보게 될지도 모른다는 희망을 품기도 했다. 4년 전 마카오에서 필리핀을 거쳐 상해와 남경까지 함께했던 세실 함장이 3척의 프랑스 군함을 이끌고 서해 홍주 앞바다에 나타났다는 소식을 들은 것이다. 그래서 성인은 옥에 함께 갇혀 있던 신자들에게 '우리는 사형을 당하지 않을 것이다'라고 말해 주기도 했다.

그러나 그런 희망도 잠시뿐 세실 함장이 물러갔다는 소식에 성인은 걷잡을 수 없는 절망에 빠졌다. 그 절망은 단지 죽음에 대한 공포에서 오는 것이 아니었다. 오히려 조선교회가 겪게 될 더욱 큰 환란을 예견한 데서 오는 절망이었다. 그때의 심경은 성인이 페레올 주교에게 보낸 8월 26일자 마지막 서한의 '추신'에 잘 드러나고 있다.

"프랑스 배들이 조선에 왔다는 확신을 오늘 얻었습니다. 그러나 그들이 위협만 하고 그대로 돌아가 버린다면 (조선) 포교지에 큰 해를 끼치고 또한 저는 죽기 전에 무서운 형벌에 처하게 될 것입니다. 주님! 모든 일을 좋은 결과로 이끌어 주소서."

(스무 번째 서한 '추신')

이제 더는 죽음을 모면하기 힘들다고 본 성인은 자신이 일평생 천수를 누리면서 사목해도 부족할 모든 조선 교우에게 당부하는 마지막 말을 남겼다. 이것이 성인이 남긴 서한 중 유일하게 한글로 쓰인 '회유문'(廻諭文)이다.

"교우들 보아라. 우리 벗아, 생각하고 생각할지어다. 천주께서 무시지시(無始之時)로부터 천지 만물을 배치하시고 그중에 우리 사람을 당신 모상과 같이 내어 세상에 두신 목적과 뜻을 생각할지어다…."

인간적으로 본다면 자신의 한 몸을 추스르고 다잡기조차 힘든 상황이었다. 그러나 죽음을 목전에 둔 성인은 의연했다. 성인은 이미 한 25세의 청년 김대건이 아니었다. 페레올 주교를 보필하여 조선교회를 책임지고 있는 어엿한 부감(副監, 오늘의 총대리)이었다.

개인주의, 이기주의에 찌들어가고 있는 오늘의 우리에게는 바로 성인의 이러한 정신이 필요하리라. 자신의 안위가 아니라 공동체의 미래를 생각하는 정신, 그 정신이 살아 숨쉬기 시작할 때 오늘의 교회는 비로소 그리스도의 참 제자 공동체요 순교 선조들의 얼을 이어가는 공동체라고 할 수 있을 것이다.

회유문을 작성한 지 얼마 되지 않은 9월 15일 헌종 임금은 마침내 성인을 국사범으로 참수 처형하라는 명을 내린다. 그리고 다음 날. 성안에서 10여 리 떨어진 한강변 새남터. 조선 초기부터 군사들의 연무장(演武場)으로 사용됐고, 사육신(四六臣)과 남이(南怡) 장군 등이 국사범으로 처형됐고, 주문모 신부를 비롯한 앵베르 주교, 모방 신부, 샤스탕 신부 등 선배 사제들이 순교한 그 새남터에서는 성인의 처형식이 준비되고 있었다.

형집행을 주관하는 관리의 도착을 알리는 나팔 소리가 울려 퍼지자 양손을 등 뒤로 결박당한 성인이 투박하게 만든 가마에 앉혀서 형장으로 끌려 나왔다. 이윽고 외국인과 교섭을 한 죄로 사형에 처한다는 선고문이 낭독됐다.

성인은 큰 소리로 유언을 남겼다. "나는 천주를 위하여 죽는 것입니다. 영원한 생명이 내게 시작되려고 합니다. 여러분이 죽은 뒤에 행복하기를 원하면 천주교를 믿으시오."

이 말을 마치자 성인의 옷이 반쯤 벗겨지고 양쪽 귀에는 화살이 꽂히고 물을 끼얹은 얼굴에는 회가 뿌려졌다. 겨드랑이 사이로 몽둥이를 꿰고 무릎을 꿇린 성인은 망나니들에게 침착한 소리로 "이렇게 하면 마음대로 칠 수 있겠소?" 하고 물었다. 망나니들이 자세를 교정해 주자 성인은 마지막 말을 남긴다. "자 치시오. 나는 준비가 되었소."

12명의 망나니가 성인의 주위를 돌면서 제각기 한 차례씩 목을 쳤다. 여덟 번째 칼을 맞고 나자 목이 떨어졌다. 포졸 하나가 머리를 조그만 쟁반에 담아 관장에게 보여 주었다. 사형이 끝났음을 확인하는 절차였다. 의금부의 명령에 따라 성인의 시체는 머리가 다시 붙여져 그 자리에 묻혔다. 1846년 9월 16일이었다.

성인이 형장의 이슬로 사라진 그 부근은 100년이 지난 1950년에야 순교사적지로 지정됐고, 1956년에는 순교 기념탑이 세워져 한

김대건 성인이 순교한 한강변 부근에 건립된 새남터순교기념성당.

강철교를 오가던 열차 손님들의 호기심 어린 시선을 끌곤 했다. 그리고 지난 1981년 새남터본당으로 설정됐고 1987년에는 전통적인 한식 기와집 형태의 새남터 순교기념성당이 우뚝 세워져 순례객들을 맞고 있다.

7. 새남터에서 미리내로
- 은하수 되어 흐르다

　　산 사람은 역사를 창조해 낸다. 그러나 죽은 사람은 역사를 만들지 못한다. 죽은 사람은 다만 역사 속에 기억될 뿐이다.

　성 안드레아 김대건 신부. 그는 25년이라는 짧은 삶을 통해 역사를 창조해 냈다. 15세 소년의 몸으로 마카오까지 유학한 그는 근대의 서구 문화를 익힌 조선 최초의 해외 유학생이었다. 그리고 한국 교회 최초의 사제가 되어 돌아왔다. 그러나 불과 6개월의 사목 생활을 끝으로 붙잡혀 마침내 형장의 이슬로 사라졌다. 파란만장한 삶이었지만 그 삶은 더없이 값진 역사였다

　이제 성인은 자신에게 맡겨진 몫을 다 한 채 역사 속에 한 자락을 깔고 누웠다. 한강변 새남터의 모래밭이 그의 처소였다. 지금은 한

강을 가로질러 달리는 철마(鐵馬)들의 요란 끰음과 강변대로를 달리는 자동차들의 소음으로 뒤덮여 버린 곳이지만, 그때는 가을 햇살 속에 형장을 지키는 포졸들의 발자국 소리만이 죽음의 소용돌이가 몰아쳤던 모래밭을 한가롭게 스쳐 지나치고 있었다. 성인의 영혼은 이미 하느님의 품에 안겼으나, 육신은 그렇게 버림받은 채 있었다.

그러나 하느님은 비록 썩어 흙으로 돌아갈 몸인 망정 성인의 육신이 그렇게 방치되는 것을 원치 않으셨다. 하느님은 이민식(빈첸시오, 1829~1921)이라는 17세의 청년을 택하셨다. 미리내(용인시 양성면 미산리) 북쪽 '검은정이'라는 마을에 살고 있던 구교우 집안 청년이었다.

이민식은 성인이 치명했다는 소식을 듣고 단숨에 새남터로 달려갔다. 그러나 국사범으로 형을 당한 성인의 시신을 거두기에는 감시의 눈초리가 너무 삼엄했다. 30여 일을 기다리며 기회를 엿보던 그는 한밤중을 택해 마침내 성인의 시신을 빼내는 데 성공했다.[18]

성인의 잘린 머리를 가슴에 안고 몸을 등에 짊어진 채 남의 이목을 피하려고 밤길을 택해 자신의 고향으로 내달았다. 지금의 흑석

---

18 그러나 최근에는 이민식이 새남터에서 직접 성인의 시신을 업고 온 것이 아니라 서울의 교우들이 성인의 시신을 왜고개에 임시로 안장한 후에 이민식이 합류했다는 주장이 우세하다. 이에 관해서는 '이민식 빈첸시오의 삶과 신앙 행적', 한국 순교자유적답사회, 월간 《교회와 역사》(한국교회사연구소), 제479호(2015년 4월)와 480호(2015년 5월), 또 이 책 194~197쪽 참조.

동으로 해서 남태령을 지나 하우현고개를 넘어 판교를 지나 용인 땅 능골 앞산까지 왔다. 그제야 한숨을 돌리고 난 이민식은 이윽고 성인이 세례를 받았고 사목을 했던 은이마을에 이르렀다.

어쩌면 은이마을에서 성인은 어머니 고 우르술라와 생사를 넘어선 재회를 했을지 모른다. 교우들이 성인의 시신을 어머니가 사는 골배마실로 운구했다는 이야기도 전해진다. 골배마실에서였건 은이마을에서였건 간에 고 우르술라가 아들의 주검을 마주했음은 분명하리라.

성인이 뒤따르고자 했던 그리스도 예수는 사형선고를 받고 형장으로 가는 길에 어머니 마리아를 만났다. 그러나 성인은 죽어서야 어머니께 작별 인사를 고할 수 있었다. "나는 스승이신 주님처럼 십자가에 똑바로 못 박혀 죽을 수 없으니 거꾸로 매달려 죽겠다"라고 했다던 사도 베드로의 이야기가 떠오른다.

이민식은 다시 성인의 시신을 모시고 산길을 더듬어 헤쳐나갔다. 어은이고개를 넘고 해실이고개를 넘고 마지막 고개인 오두재고개에 이르자 동이 트는 바람에 시신을 인근 콩밭에 숨겨놓고 밤이 되기를 기다렸다. 해가 중천에 뜨자 농부들이 콩밭으로 오는 게 보였고, 순간 가슴이 덜컥 내려앉은 이민식은 마음을 졸이며 무사하기만을 빌었다. 갑자기 하늘이 어두워지면서 비가 쏟아지기 시작해 농부들이 돌아가는 바람에 무사할 수 있었고, 마침내 10월 30일 미리내의 선산에 시신을 안장할 수 있었다.

미리내에 있는 김대건 성인 가묘. 성인의 시신은 민식에 의해 미리내에 안장됐다가 여러 차례 이장을 거쳐 서울 혜화동 대신학교(가톨릭대학교 신학대학) 대성당 제대 아래 안치돼 있다.

다른 기록에 따르면 성인의 시신을 옮긴 사람은 이민식 혼자가 아니라 교우 14명이 함께 옮겼다는 이야기와 또 3명이 옮겼다는 이야기도 전해진다. 어느 이야기가 사실인지는 확인할 길이 없다. 중요한 것은 이민식을 비롯한 교우들이 새남터에 가매장되어 있던 성인의 시신을 모시고 200여 리나 되는 길을 헤쳐 미리내에 안장했다는 사실 자체이다.

마카오에서부터 수만 리 길을 좇아가며 성인의 뒤를 따르는 순례의 마지막 길. 이번에는 은이공소터에서부터 미리내까지 세 고개를 넘기로 했다. 공소 터에서 산속으로 10여 분을 더 걸어 들어가자 갑자기 길이 좁아지면서 한 사람이 겨우 지나갈 정도의 숲길로 변한다. 한낮인데도 어두컴컴하다. 그 길을 더듬어 10분 정도 오르자 신덕(信德)고개라고도 부르는 첫째 고개 어은이고개 마루에 이르렀다.

산길을 따라 20여 분쯤 내려가자 용인에서 원삼으로 이어지는 304번 지방도로와 만난다. 용인읍 해곡리다. 용인 쪽으로 5분쯤 걷다가 왼쪽으로 난 용해곡마을 지난 산길을 통해 두 번째 고개인 해실이 고개로 향했다. 망덕(望德)고개라고 도 불리는 고개다. 그러나 외줄로 나 있는 어설픈 산길조차 군데군데 끊겨 있어서 고개로 오르는 길을 찾기가 쉽지 않았다. 한참을 헤매다 보니 지난여름 성지순례를 다녀간 신자들이 나뭇가지 사이에 걸어둔 표식들이 길 안내를 해준다.

어은이마을에서 미리내로 가는 첫 번째 고개인 어은이고개(위)와 두 번째 고개인 해실이고개(아래).

해실이고개로 오르는 길은 어은이 고갯길보다 더욱 험하고 어두웠다. 가쁜 숨을 내뿜으며 10여 분을 올라 가자 망덕고개다. 나뭇가지에는 '해실이(망덕)고개'라고 써 붙인 표식이 있고 반대쪽 나뭇가지엔 망덕송이 적

혀 있다. 지난여름 이곳을 도보 순례한 신자들이 써 붙여 놓은 것이 었다. 사방을 둘러보아도 첩첩산중이다.

해실이고개에서 40분쯤 걸어서 내려오자 마을(장촌)이 나타나고 여기에서 다시 왼쪽으로 꺾어 30여 분을 오르니 애덕고개라고도 불리는 마지막 고개인 오두재고개다. 고갯마루에 올라서자 산 아

래 나뭇가지 사이로 미리내성지의 김대건 신부 기념성당이 아른거린다. 은이공소터에서 여기까지 잠시도 쉬지 않고 꼬박 걸어서 3시간이 조금 더 걸렸다.

이 길을 이민식은 밤을 새워 왔다. 빈손으로 걷기도 쉽지 않은데 시신을 들쳐업고 밤길을 헤쳐 왔을 이민식의 고초는 어느 정도였을까. 비록 인적이 없는 험하고 외진 길을 택했다지만 국사범인 중죄인의 시신을 훔쳐 오는 몸이어서 자칫 사람들에게 들키게 되면 목숨마저 부지하지 못할 위험과 고초를 무릅쓴 이유는 무엇이었을까.

그것은 하느님의 섭리가 아니었을까. 성인을 위해서가 아니라 그 후손인 우리를 위한 하느님의 배려하심이 아니었을까. 이민식은 그 하느님의 뜻에 자신을 전폭적으로 내맡겼다. 그럼으로써 그는 살아생전에 자신이 할 수 있는 작은 역사를 일구어낸 것이다.

이제 그 뒤를 잇는 우리는 어떤 역사를 일구어내야 할 것인가. 이미 우리는 그 한자리를 해냈다. 성인을 비롯한 103위의 시성식이 그것이다. 그리고 이제 또 성인의 순교 150주년을 맞아 현양 대회를 열고 있다. 그러나 누구를 위한 순교자 현양 대회인가. 우리 자신을 위한 것이다. 선조들이 흘렸던 그 피와 땀을 생각하며 우리 자신이 거듭나기 위한 것이다. 우리가 참으로 회개와 쇄신으로 거듭날 때만이 비로소 우리의 후손들에게 물려줄 진정한 역사를 일구는 것이 되리라.

오두재고개를 뒤로 하고 미리내성지로 내려오니 성인의 묘지를 참배하는 신자들의 뒷모습이 가을 햇살을 받아 길게 그림자를 드리우고 있었다.

제2부

다시 돌아보는
김대건 신부의 생애
그리고 성인의 벗들

제 3 장

다시 돌아보는
김대건 신부의 생애

"저는 그리스도의 힘을 믿습니다.
그분의 이름 때문에 묶였기 때문입니다.
하느님께서 형벌을 끝까지 이겨낼 힘을
저에게 주실 것을 기대합니다."
-열아홉 번째 서한 중에서

1. 조선 최초의 서양 유학생

　　"…나와 조선 포교지의 후계자들에게 순명과 복종을 약속
합니까?" "약속합니다." "나와 조선 포교지의 내 후계자들인 장상들
에게…약속합니까?" "약속합니다…."

　　1836년 12월 2일 서울 후동(현 주교동)의 모방 신부 집. 세 소년
이 무릎을 꿇고 있었다. 15살 같은 나이의 세 소년은 조선 천주교
회 첫 신학생들로서 조선교회의 최고 장상에게 순명을 서약하는 중
이었다. 파리외방전교회 소속인 모방 신부는 조선 땅에 천주교 공
동체가 생겨난 이후 반세기가 지나서 입국한 첫 서양 선교사였다.
　　1836년 1월에 입국한 모방 신부는 목자 없이 어렵사리 신앙생활

을 하는 조선 천주교회에 가장 시급한 일이 사제를 양성하는 일이라고 여겼다. 그리하여 서울에 들어온 지 한 달도 채 되지 않은 2월 6일 첫 신학생으로 최양업을 선발해 함께 살면서 가르쳤고, 3월 14일에는 최방제를 신학생으로 선발했다. 약 4개월 후인 7월 11일에는 자신이 은이공소에서 직접 세례를 준 김대건을 세 번째 신학생으로 뽑았다. 세 소년의 나이는 최양업과 김대건이 1821년생으로 동갑이었으나 생일이 최양업이 조금 빨랐고, 최방제는 이들보다 한 살 정도 많은 듯했다. 이들은 모방 신부 집에서 라틴어와 한문 등을 배우며 기초를 닦다가 본격적 신학 수업을 위해 멀리 마카오로 유학을 떠나기에 앞서 이날 신학생 선서를 한 것이다.

이튿날인 12월 3일 세 신학생은 중국인 유방제 신부와 정하상·조신철·이광렬(요한, 1795~1839, 성인) 등 교우 안내원들을 따라 의주 변문으로 향했다. 그해 12월 28일 중국쪽 국경인 봉황성 변문에 도착한 세 신학생은 조선 안내원들과 작별한 후 이제는 중국 안내원들을 따라 중국 대륙을 남하하기 시작, 6개월이 넘는 대장정을 거쳐 1837년 6월 7일 목적지인 마카오에 도착했다. 서울을 떠난 지 7개월 4일 만이었다. 당시 포르투갈령이었던 마카오는 극동 무역의 전초기지일 뿐 아니라 유럽 선교사들의 극동 선교 거점도시이기도 했다. 모방 신부가 이들 세 신학생을 마카오로 보낸 것은 이곳에 또한 파리 외방전교회 극동대표부가 있었기 때문이었다.

마카오의 옛 파리외방전교회 극동대표부 자리. 지금은 5층 주상복합건물이 들어서 있다.

극동대표부 신부들은 직접 신학생들을 맡아 가르치기 시작했다. 극동대표부에 최초의 조선신학교가 생긴 것이다. 신부들, 특히 신학교 교장을 맡은 칼르리 신부의 눈에 세 신학생은 놀랄 만큼 순박할 뿐 아니라 신심과 겸손, 면학심, 스승에 대한 존경 등 모든 면에서 더 바랄 나위가 없을 정도로 완전했다.

그러나 7개월이 넘는 오랜 여행의 여독 탓일까, 아니면 조선과는 다른 기후와 생활 환경 탓일까. 세 신학생 가운데 최방제가 마카오 유학 생활 불과 6개월도 안 되는 1837년 11월 27일 위열병(胃熱病)으로 사망한다. 셋 가운데서 믿음이 더 강했고 신심이 더 깊어서 가장 기대했던 최방제의 죽음이었기에 신학교 신부들의 상실감은 컸다.

칼르리 교장 신부는 제자의 죽음에서 조선교회에 대한 하느님의 오묘한 섭리를 느꼈다. 그는 파리에 있는 뒤브아 신부에게 보낸 편지에서 당시 심경을 이렇게 표현했다.[19]

"…이 뜻밖의 죽음이 우리 모두에게, 특히 나에게 준 깊은 감동은 이루 말할 수 없습니다.…브뤼기에르 주교는 비탄에 잠긴 조선포교지가 그의 첫 주교의 입국을 고대하고 있을 때 조선 국경에서 죽었습니다. 성직에 예정됐던 이 첫 조선인은 8개월간 계속된 위험을 극복하고 미구에 그의 조국의 사도가 되고자…빠르게 진행시키고 있을 때 돌연 사망했습니다. 하느님의 이 전능하신 뜻의 안배를 찬미합시다. 우리 인간의 생각대로 조선 포교지를 번영시킬 수 있을 것으로 생각하였던 모든 것을 우리에게 빼앗아…'하느님 홀로 이 모든 일을 하셨다'라고 되풀이하지 않을 수 없게 하셨습니다. 그분의 영광이 더욱 드러나기를 고대합니다."

조선교구 초대 교구장으로 임명됐지만 임지에 부임하기도 전에 내몽고 마가자에서 병사한 브뤼기에르 주교와 조선교회 첫 신학생이었지만 사제의 꿈을 채 피우기도 전에 이역만리 마카오에서 병사

---

19 최양업 신부의 저기 자료집 제2집 《스승과 동료 성직자들의 서한》(천주교 청주교구), 67쪽.

한 최방제 두 사람의 죽음에서 인간의 뜻과 달리 안배하시는 하느님의 뜻을 칼르리 신부는 절감하는 듯했다.

동갑이자 많이 격인 친구를 잃은 두 신학생의 심정은 또 어떠했을까. 관련된 사료가 없어서 확인할 수는 없지만, 그들은 함께 지낸 나날들을 떠올리면서 끓어오르는 슬픔을 피할 수가 없었을 것이다. 그러나 동료의 죽음은 또한 두 신학생에게 사제직을 향해 더욱 결연하게 각오를 다지는 계기로 작용하지 않았을까. 셋이서 지기로 한 과제를 이제 두 사람이 져야 한다는 사실에 무거운 책임과 사명 의식을 느끼며 전율하지 않았을까.

동료의 죽음을 가슴에 묻은 채 학업에 매진하던 두 신학생은 또 다른 시련을 겪어야 했다. 아편 거래 문제로 광동과 마카오 지역에 소요가 일어나 몸을 피하지 않을 수가 없었다. 1839년 4월 6일 두 신학생은 신부들을 따라 마카오를 떠났고, 십여 일간 항해 끝에 마닐라에 도착했다. 마닐라 도미니코회 수도원에서 보름 정도 지낸 후 다시 마닐라 인근 도미니코 수도회가 운영하는 농장이 있는 롤롬보이로 옮겨갔다.

비교적 건강한 최양업과는 달리 김대건은 자주 아팠다. 요통에 시달렸고, 두통과 복통, 가슴앓이까지도 잦았다. 신부들은 처음엔 김대건의 통증을 성장통 정도로 여겼다. 그러나 통증은 좀처럼 사라지지 않았고, 오히려 늘 요통과 복통과 두통을 달고 다니는 것처럼 보였다. 게다가 얼굴빛도 좋지 않았고 머리카락도 보기에 흉했다. 때로는 판단조차 제대로 하지 못했다.

신부들은 자연히 최양업과 김대건을 비교하게 됐다. 하느님께서 지금처럼 계속 건강을 허락해 주신다면 최양업은 분명히 조선교회를 위해 유익한 몫을 할 것이라고 여겼지만 김대건에 대해서는 난감해하곤 했다.

두 신학생 역시 신부들의 이런 생각을 전혀 눈치채지 못하지는 않았을 것이다. 그럴 때 한쪽은 의기소침해지고 약해지기 쉽다. 어쩌면 김대건이 그러했을지 모른다. 그럴 때면 그는 때로는 기도로 어려움을 이겨내고 때로는 고향의 부모와 형제 친척들을 생각하며 마음을 다잡았으리라. 골배마실과 은이공소에서 지냈던 지난 시절을 떠올리며 향수를 달래기도 했을 것이다. 그리고 이런 일들이 김대건을 내적으로 더욱 강하게 만드는 작용을 하지 않았을까.

마닐라 롤롬보이에서의 피란 생활은 6개월 반 만에 끝이 났다. 1839년 11월 두 신학생은 다시 마카오로 돌아와 공부를 계속했다. 2년이 지난 1841년 11월에는 기초과정인 철학 과정을 마치고 신학 과정에 들어갔다.

1842년 초 프랑스 함대 에리곤호의 세실 함장이 마카오의 파리외방전교회 극동대표부를 찾아왔다. 조선을 방문할 계획인데 신학생 한 명을 통역으로 대동할 수 있도록 해달라는 것이었다. 극동대표부는 신학생 1명뿐 아니라 프랑스 선교사도 1명 더 보내기로 했다. 1839년부터 몇 년째 소식이 끊긴 조선 선교지에 대한 정보를 수집하고 비밀리에 선교사를 입국시킬 좋은 기회로 여긴 것이다. 선교사로는 메스트르 신부를 보내기로 했다. 메스트르 신부는 자기와 함께할 신학생으로 김대건을 선택했다.

1842년 2월 15일 세실 함장이 지휘하는 에리곤호는 마카오를 출항했고, 마닐라를 거쳐 4월 19일 대만을 향해 출발했다. 그 배에는 메스트르 신부와 김대건 신학생이 타고 있었다. 골배마실을 떠날 때 15살 소년이었던 김대건은 이제 21살 청년으로 성장했다. 6년간의 마카오 생활을 통해 철학과 신학을 배웠다. 라틴어와 불어를 익혔고 다양한 서양 문물을 습득했다. 이런 의미에서 김대건은 최양업과 함께 조선 최초의 서양 유학생이었다.

2. 입국로 탐사에서 부제품 받기까지

　　6년 만에 조국 조선 땅을 향하는 청년 김대건의 마음은 뭐라고 표현할 수 없을 정도로 벅차오른다. 뱃전에 선 그의 눈에 그리운 부모와 동생들, 고향 솔뫼와 골배마실 그리고 은이공소의 모습들이 아른거리며 겹쳐진다.

　김대건이 태어난 곳은 충청도 솔뫼(현 충남 당진군 우강면 송산리)였다. 솔뫼에서 태어났지만 그에게는 솔뫼보다는 용인 한덕동과 골배마실이 더욱 기억에 떠오르는 곳이다. 명오(明悟)를 깨칠 나이 때부터 한덕동과 골배마실에서 줄곧 지내다가 유학길에 올랐기 때문이다. 이곳에서 소년 대건은 증조할아버지와 작은할아버지의 순교 이야기를 들으며 믿음을 키웠고, 당고모부(손연욱 요셉)의 순교 이야기도 들었을 것이다. 성소의 싹도 이곳에서 트기 시작했을지 모른다.

김대건이 마닐라 롤롬보이에서 피란하며 공부하고 있을 무렵인 1839년 기해년 여름, 조선에는 박해의 칼날이 한창 휘몰아치고 있었다. 그 칼바람은 김대건의 아버지 김제준을 비켜 가지 않았다. 당시 회장이었던 그는 서소문 밖 네거리에서 참수로 순교 월계관을 받았다. 그해 9월 26일이었다.

김제준이 붙잡혀 순교하면서 용인 골배마실 대건의 집은 풍비박산이 났다. 박해를 피해 이곳저곳으로 옮겨 다니다가 어렵사리 정착한 곳이 골배마실이었기에 타격이 컸을 것이다. 대건의 어머니 고 우르슬라는 충격에서 헤어나지 못한 채 이집 저집 헤매는 신세가 됐다.

그런 줄도 모른 채 21살 청년 신학생 김대건은 망망대해를 거슬러 올라가는 에리곤호 위에서 고향과 부모 형제들에 대한 사무치는 그리움을 바다에 토해내곤 했을 것이다.

대만을 거쳐 북상을 계속하던 배는 1842년 5월 11일 상해 앞바다에 있는 주산도에 입항했다. 이곳에서 2개월을 더 체류한 후에 에리곤호는 상해로 가 오송(吳淞)항에 정박했다. 그러나 가기로 한 조선을 향해서는 갈 낌새를 보이지 않는다. 결국 그해 9월 11일 김대건은 메스트르 신부를 따라 에리곤호에서 하선했다.

마카오를 떠난 지 7개월이 되도록 조선 근처에도 가지 못한 채 여전히 상해에 머무는 현실이 안타까웠으나 수확이 없었던 것은 아니었다. 세실 함장을 따라 통역관으로 양자강을 거슬러 난징(南京)까지 가서 영국과 청나라가 난징조약을 체결하는 현장을 참관할 수 있었다. 다시 오송항으로 돌아와서는 때마침 프랑스 군함 파보리트호를 타고 상해까지 온 브뤼니에르 신부와 최양업과 조우한 것도 뜻밖이었다.

이렇게 만난 네 사람 김대건과 최양업, 매스트르 신부와 브뤼니에르 신부는 중국인 교우 반 요한 등과 함께 중국 배를 타고 다시 북쪽으로 향했다. 약 보름 만인 1842년 10월 23일, 배는 요동반도 남단 태장하 해안가에 도착했고, 네 사람은 인근 백가점(白家店)이라는 교우촌에 들었다. 브뤼니에르 신부와 최양업은 다시 거처를 개주(蓋州) 양관(陽關) 교우촌을

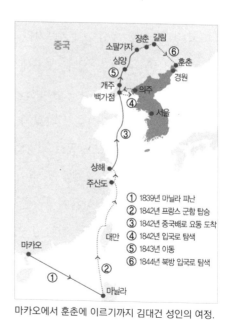

마카오에서 훈춘에 이르기까지 김대건 성인의 여정.

거쳐 소팔가자로 옮겨갔으나 김대건은 백가점에 머물면서 조선으로 입국할 기회를 기다리기로 했다.

이곳 백가점에서 김대건은 비로소 조선교회 소식을 전해 들었다. 기해박해로 선교사들과 신자들이 순교했다는 좋지 않은 소식이었다. 메스트르 신부와 김대건은 조선 입국을 시도했다. 결행 날짜는 1842년 12월 20일로 잡았다. 그러나 연락원들은 말할 것도 없고 당시 만주대목구장 베롤(E.J.F. Verrolles, 1805~1878) 주교조차도 무모하다며 허락하지 않았다. 할 수 없이 계획을 수정했다. 먼저 김대건이 국경 변문으로 가서 사정을 알아보기로 한 것이다.

1842년 12월 23일 김대건은 백가점을 떠나 4일 후 중국 쪽 국경인 봉황성 변문에 도착했다. 그곳에서 대건은 청나라로 가는 사신 일행에 끼어 있던 밀사 김 프란치스코를 만나 조선교회 사정을 자세히 들을 수 있었다. 자신을 신학교에 보낸 모방 신부를 비롯한 선교사 3명이 모두 순교했고, 동료 최양업의 아버지와 자신의 아버지도 순교했으며 어머니는 의지할 곳 없이 떠돌아다닌다는 소식이었다.

억장이 무너지는 소식들이었지만 김대건은 무너지지 않았다. 그는 메스트르 신부의 입국 가능성 여부를 타진했으나 불가능하다는 답변을 듣고는 이튿날 자신이 직접 조선에 입국하는 모험을 감행했다. 압록강을 건너 조선쪽 국경인 의주 변문은 기지를 발휘해서 통과하는 데 성공했다. 하지만 그다음이 더 문제였다. 서울까지

가는 것은 도저히 불가능하다고 판단하고는 백가점으로 돌아왔다. 1843년 1월 6일이었다.

그리고 그해 2월 하순 김대건은 메스트르 신부와 함께 제3대 조선교구장인 페레올 주교가 거처하는 만주 소팔가자(小八家자) 교우촌으로 옮겨 먼저 그곳에 와 있던 최양업과 신학 공부를 계속했다. 그러면서 3월과 9월 두 차례에 걸쳐 메스트르 신부의 명을 따라 변문으로 가서 조선에서 온 소식을 전해 받았다.

1843년 12월 31일 양관에서 거행된 페레올 주교의 주교 성성식에 참석하고 소팔가자로 돌아온 김대건은 교구장 페레올 주교의 명을 받들어 새로운 입국로 탐사를 준비한다. 이번에는 동북 지역을 통한 입국로 개척이었다. 당시 조선은 두만강변 국경 도시 경원에 2년 한 번씩 장을 열어 중국인들과 조선인들의 교역을 허락했다. 이를 경원 개시(慶源開市)라고 했는데, 장이 서는 혼잡한 틈을 이용해 입국한다는 계획이었다.

1844년 2월 5일 김대건은 중국인 신자 안내원 한 명과 눈 덮인 소팔가자를 나무 썰매를 타고 달려 장춘에 도착한 후 길림과 영고탑 부근을 거쳐 약 한 달 만인 3월 초 중국 쪽 국경 도시 훈춘에 도착했다. 3월 9일 경원 개시가 열리는 틈을 이용해 국경을 넘어간 김대건은 미리 와 있던 조선 신자들을 만나 동북 지역을 통한 선교사 영입 가능성을 타진했다. 그러나 쉽지 않다는 대답만 들어야 했다.

다시 한 달간의 여행을 통해 소팔가자로 돌아온 김대건은 공부를 계속한 후 그해 12월 최양업과 함께 페레올 주교에게서 부제품을 받았다.

3. 수선 탁덕(首先鐸德) 되어 다시 조선으로

　　1844년 12월, 페레올 주교와 김대건 부제는 소팔가자를 떠나 중국 쪽 국경인 봉황성 변문으로 향했다. 12월 말 변문에 도착한 그들은 1845년 1월 1일 그곳에 이미 와 있던 조선 신자들을 만날 수 있었다. 페레올 주교는 그리던 포교지 조선에 들어간다는 기쁨에 들떴다. 하지만 그것도 잠시, 조선 신자들의 말을 듣고 난 페레올 주교는 힘이 쭉 빠지고 말았다. 조선 국경인 의주 변문 쪽 경비가 삼엄해 입국 불가능하다는 것이었다.

　　페레올 주교는 할 수 없이 김대건 부제를 먼저 조선에 입국시키기로 했다. 신자들을 따라 의주 변문 근처에 온 김대건 부제는 어렵사리 국경을 통과한 후 다시 신자들을 만나 평양을 거쳐 1월 15일 한양에 도착해 신자들이 마련해 놓은 집에 행장을 풀었다.

한양을 떠난 지 9년 만이었다. 15살 소년은 24살 청년으로 장성했고, 부제품을 받은 어엿한 성직자 신분이 됐다. 조선을 향해 마카오를 출발한 지 3년이 지났다. 네 번이나 입국로 탐사를 시도했고 두 번은 조선 땅(서북쪽 의주와 동북쪽 경원)을 밟기도 했으나 다시 돌아갈 수밖에 없었다. 다섯 번째 시도에서 김대건은 마침내 한양 땅을 밟았다.

힘든 여행 끝에는 뒤탈이 나기 쉽다. 김대건 부제가 그랬다. 어렵사리 한양까지 왔건만 피로한 몸을 추스르고 원기를 회복하기는커녕 병이 나고 말았다. 마치 오장육부가 끊어져 버리는 듯이 가슴과 배와 허리가 참을 수 없을 정도로 지독히 아팠다. 이렇게 보름 이상을 앓았다. 병이 좀 나았나 싶었지만, 몸은 글씨도 쓸 수 없을 만큼 허약해졌다. 게다가 얼마 후엔 눈병까지 생겼다.

기력은 쇠진했으나 김대건은 조선의 첫 부제였다. 그는 자신이 한양에서 무슨 일을 해야 할지 잘 알고 있었다. 그는 신자들을 통해 서해안에 집을 한 채 물색하도록 했다. 페레올 주교를 비롯한 선교사들이 서해를 통해 입국할 때 쉴 거처를 마련하려는 것이었다. 하지만 집을 구하는 데는 실패했고 대신 한양에서 집 한 채와 배 한 척을 구할 수 있었다.

그뿐 아니었다. 김대건 부제는 한양에 머무르는 동안 신학생 2명을 곁에 두고 가르쳤다. 이들은 이미 앵베르 주교가 선발해 둔 신학생들이었다. 원래는 셋이었으나 한 명은 기해박해 때에 순교했다. 그 한 명이 바로 정하상이었다.

김대건 부제가 한 일이 또 있었다. 조선 순교사와 순교자들에 관한 보고서를 쓰는 일이었다. 눈병으로 고생하면서도 김대건은 현석문이 수집한 자료들을 바탕으로 조선교회 창립 시기 때부터 기해박해 때까지 조선교회사와 기해박해 순교자들 전기를 라틴어로 작성했다. 앵베르 주교와 모방·샤스탕 두 신부를 비롯해 순교자 30여명에 관한 내용을 정리했다. 형벌 종류와 순교 모습 등을 때로는 그림을 곁들여 가면서 실감 나게 묘사했다. 훗날 《기해일기》로 편집되는 중요한 순교 사료들이었다.

순교자들에 관한 보고서를 정리하는 김대건 부제에게 자연스럽게 부친의 순교 모습도 떠올랐지 않았을까. 생전의 부친 모습에 어린 동생과 어머니 얼굴이 교차해서 어른거렸으리라. 그리운 어머니, 하지만 김대건 부제는 이미 신자들에게 엄명을 내린 상태였다. 어머니에게는 자신의 입국 소식조차 알리지 말라고. 그러나 보고서를 써 내려가는 그 사이사이에 떠오르는 아버지 모습, 어머니 얼굴만은 외면하지 못했을 것이다.

1845년 4월 30일 김대건은 미리 준비해 놓은 배를 바다에 띄웠다. 상해로 건너가 페레올 주교를 모시고 돌아올 요량이었다. 페레올 주교와는 변문에서 헤어질 때 이미 약속해 놓은 바였다. 사공 4명을 포함해 모두 11명의 신자를 데리고 떠났다.

첫날 항해는 순조로웠다. 그러나 이튿날부터 사흘간 계속해 폭풍우가 몰아쳤다. 종선(從船)을 끊고 돛대를 베어버리고 식량까지 내던졌지만, 폭풍우는 그칠 줄 몰랐다. 모두들 기진맥진했고 절망에서 헤어나지 못했다. 탈진하기는 김대건 부제도 마찬가지였다. 그러나 함께 쓰러져 있을 수가 없었다. 품에 지니고 다니던 '바다의 별이신 성모' 상본을 꺼내 들고 기도를 바치며 용기를 북돋웠다. 예비신자 사공에게는 세례를 줬다.

이렇게 인간적 노력을 다하고 나서는 그분 뜻에 그냥 맡겨드릴 수밖에 없다. 그런 마음으로 지쳐 잠이 들었다 깨어나니 다행히도 비도 그치고 바람도 약해져 있었다. 배에 남은 나무들을 다 모아 돛대와 키를 만든 후 항해를 계속했다. 역풍 속에 5일 동안 항해하다가 산동 배를 만났다. 돈을 주겠다고 약속하는 등 어렵사리 허락을 얻어 그 배에 예인돼 18일 동안 항해한 끝에 마침내 상해 앞바다에 있는 오송항에 도착했다. 1845년 5월 28일이었다.

김대건 부제 일행은 6월 4일 상해에 도착했다. 김대건은 그곳에서 3년 전에 도움을 받았던 프랑스 출신의 예수회 선교사 고틀랑(C. Gotteland, 1803~1856) 신부에게 연락을 취했다. 고틀랑 신부

144

는 김대건 부제의 배로 와서 조선 신자들에게 고해성사를 주고 미사를 봉헌했다. 조선 교우들에게는 몇 년 만의 고해성사요 미사 봉헌이었던가.

일찍이 주문모 신부 순교(1801) 후 30여 년 동안 사제 없이 지내다가 선교 사제 3명을 맞이했으나 기해박해(1839)로 모두 잃은 터였다. 죽을 고비를 몇 차례 건너 중국 땅 상해에서 말은 통하지 않았으나 김대건 부제의 통역으로 성사를 보고 생사고락을 함께한 그 배에서 감격 어린 미사를 봉헌하고 성체를 모신 신자들 마음은 어떠했을까. 그 모습을 지켜보는 김대건 부제 심경은 또 어떠했을까.

상해에서 다시 페레올 주교를 만난 김대건 부제는 그해 여름 8월 17일 주일, 상해 인근 교우촌 김가항 성당에서 마침내 페레올 주교에게 사제품을 받았다. 조선교회의 첫 사제, 수선 탁덕(首先鐸德)이 탄생하는 감격 어린 역사적 현장에는 조선 교우 11명이 함께하고 있었다. 서양 신부 4명, 중국 신부 1명 그리고 중국인 교우들이 역사의 현장에서 증인이 돼줬다.

그다음 주일인 8월 24일 김대건 신부는 상해 서쪽 교우촌 횡당(橫塘) 소신학교 성당에서 다블뤼 신부를 복사로 첫 미사를 봉헌했다. 다블뤼 신부는 마카오에서 페레올 주교를 만났을 때 페레올 주교 요청으로 조선 선교를 자원해 함께 상해로 건너온 파리외방전교회 선교사제였다.

이제 다시 조선으로 향하는 일이 남았다. 페레올 주교는 자신이

제주 용수성지에 복원된 라파엘호. 김대건 성인은 이 배를 타고 상해에서 귀국하다가 제주 용수 포구 앞바다 섬에 표착했다.

타고 갈 배가 어떻게 생겼는지 궁금했다. 그러나 배를 보는 순간, 두려움이 앞섰다. 그는 이렇게 편지에 남겼다.

"이 빈약한 조선 배를 처음 보았을 때 저는 공포심에서 벗어날 수가 없었습니다. 이런 배로 어떻게 바다를 항해할 수 있을까 자문하지 않을 수 없었기 때문입니다. 조선인들은 모두 즐거워하였고 바다와 파도를 무릅쓸 각오가 돼 있었습니다.…그들은 주교와 함께 있으므로 이후 모든 위험을 면할 것으로 믿고 있습니다. 하느님께서 이 순진함을 축복하시기를!"

조선의 교우들은 그랬다. 그 교우들이 이제 상해를 떠나 조선으로 향했다. 그들의 주교를 모시고 조선 첫 사제를 모시고 출발했다. 1845년 8월 31일이었다. 배에는 선교사 또 한 사람이 동승했다. 김대건 신부 서품식과 첫 미사에 함께한 다블뤼 신부였다. 배 이름은 라파엘, 크기는 길이 25자(7.57m), 너비 9자(2.72m), 깊이 7자(2.12m)였다.

라파엘호는 숭명도를 거쳐 중국 배를 모선으로 삼아 산동반도 쪽으로 항해했다. 잔잔하던 바다는 다시 거센 파도로 라파엘호를 집어삼킬 듯 위협했고, 배는 조선에서 상해로 건너올 때 못지않은 풍파를 겪어야 했다. 조류에 떠밀려 표류하던 배는 9월 28일 마침내 한 섬의 해변에 도착했는데 제주도 용수리 포구 앞 차귀도였다. 그리고 보름가량 지난 1845년 10월 12일 배는 강경 포구에서 약간 떨어진 외딴 곳에 도착했다. 나바위였다.

4. 교우들아, 보아라!

1846년 5월 14일 한강 마포 포구. 양반 한 명과 선원 예닐곱을 태운 배가 포구를 떠나 한강을 따라 서해로 내려가고 있었다. 조선의 첫 사제 김대건 신부가 탄 배였다. 그는 7개월 전 페레올 주교를 모시고 강경 나바위로 입국, 한양 돌우물골(石井洞)에 거처를 두고 주로 서울과 경기도 일대에서 신자들을 찾아다니며 사목 활동을 했다. 그러던 중 서해를 통한 선교사 영입로를 개척하라는 페레올 주교 지시를 받고 이날 서해 입국로 탐사에 나선 것이다.

김 신부 일행이 탄 배는 고기잡이배로 위장해 연평도와 순위도를 거쳐 5월 28일에는 백령도에 도착했다. 그곳에서 중국 어선들과 접촉한 김 신부는 중국교회에 보내는 편지들과 자신이 작성한 조선지도를 전달한 후 6월 1일 황해도 옹진반도 남쪽 끝 순위도 등산진(登山鎭)에 닻을 내렸다.

낯선 배가 정박해 있는 것을 본 등산진 관장은 김 신부를 찾아와 중국 어선들을 쫓아내는 데 배를 사용하도록 해달라고 요청했다. 중국 어선들이 해마다 음력 3월부터 5월까지 이 일대에서 불법으로 고기잡이를 하고 있었기 때문이다. 김 신부는 거절했다. 양반 배를 부역에 사용하는 것도 이치에 맞지 않았지만 자칫하면 서해를 통한 선교사 입국로 개척이라는 비밀 계획이 탄로가 날까 봐서였다.

그러자 화가 난 포졸들은 김 신부 배의 주인인 임성룡과 사공 엄수를 붙잡아 관아로 끌고 가 문초를 통해 그들이 천주교인임을 알아냈다. 그리고는 밤중에 다시 배로 와서 김 신부를 체포했다. 6월 5일에 벌어진 일이었다.

등산진 관장은 김 신부가 천주교 신자인 것을 알고는 배교를 강요했으나 김 신부는 오히려 관장 앞에서 천주교 교리를 설파했다. 등산진영에 갇혀 있던 김 신부는 5일 후 해주로 압송돼 문초를 받았다. 황해감사 또한 김 신부를 중국인으로 여겨 조심스럽게 대했다. 그러나 김 신부와 함께 붙잡힌 임성룡과 엄수를 통해 김 신부의 서울 거처를 알아냈다. 또 김 신부가 중국 배들과 연락을 하고 편지를 전달한 것까지도 파악하고는 포졸들을 보내 편지를 찾아왔다. 선교사 입국로 개척 계획이 물거품이 되는 순간이었다. 이와 함께 천주교 신자들에 대한 체포도 본격화했다. 병오박해가 시작된 것이다.

6월 21일 한양으로 압송돼 포도청 옥사에 갇힌 김 신부는 이튿날부터 문초를 받기 시작했다. 조정에서는 김 신부를 중국인으로 알고 있었고 김 신부도 자신을 광동 출신의 우대건(于大建)이라고 밝혔으나 6번째 문초에서 자신이 용인 출신 김대건으로 마카오로 유학을 갔던 세 소년 가운데 한 사람이라고 털어놓았다.

김 신부는 온갖 회유와 위협에도 당당하게 신앙을 고백하며 천주교 교리를 설파해 포도청 관리들은 물론 조정 대신들조차 탄복할 정도였다. 대신들은 김 신부에게 영국의 세계지도를 주면서 번역하도록 했을 뿐 아니라 작은 지리 개설서도 편찬토록 했다. 그들에게 김 신부는 천주학의 괴수였지만 또한 큰 학자였다.

그러나 김대건은 조선의 첫 사제였고, 복음의 사도였다. 옥중에서도 그는 함께 갇힌 교우들에게 고해성사를 주며 힘을 북돋웠고, 임성룡의 아버지 임치백(요셉, 1803~1846, 성인)에게는 세례를 베풀었다.

김 신부는 7월 30일 베르뇌 신부를 비롯해 메스트르 신부와 리브와 신부, 르그레즈와 신부 등 네 스승 신부에게 편지를 썼다. 이 편지에서 자신이 붙잡히게 된 경위를 설명하면서 조선교회를 구할 방도도 제안했다. 프랑스 영사를 통해 중국 황제에게 압력을 넣어 조선 왕실이 선교사를 함부로 죽이지 못하도록 하고 신자들에게 자유를 주도록 했으면 한다는 내용이었다.

그해 8월 초 세실 함장이 이끄는 프랑스 함대 3척이 충청도 서해에 나타났다는 소식이 옥중 김대건 신부에게도 전해졌다. 김 신부는 그 배들로 인해 갇혀 있는 자신과 교우들이 어쩌면 풀려날 수 있을지도 모른다는 한 가닥 희망을 품었다. 그러나 프랑스 함대는 모방·샤스탕·앵베르 세 선교사를 처형한 것에 대한 항의서한만 전달하고 떠났다. 풀려날 희망은 사라지고 영웅적 순교만이 남아있음을 깨달은 김대건 신부는 다시 먹을 갈고 써내려 갔다.

"교우들 보아라. 우리 벗아! 생각하고 생각할지어다. 천주께서 무시지시(無始之時)로부터 천지만물을 배설(配設)하시고…."

이렇게 시작하는 글은 김 신부가 옥중에서 조선 교우들에게 보낸 마지막 회유문이었다. 1846년 8월 말에서 9월 초순에 작성한 글이었다. 김 신부 서한 가운데 유일하게 한글로 쓰인 약 2200글자의 회유문은 천주 신앙을 설파하면서 교우들에게 환란에 굴복하지 말고 굳은 신앙으로 견뎌낼 것을 간곡하게 당부하고 있다. 김 신부는 마지막을 이렇게 마무리했다.

"내가 죽는 것이 너희 육정과 영혼의 일에 어찌 거리낌이 없겠는가. 그러나… 부디 서러워 말고 큰 사랑을 이루어 한 몸같이 주님을 섬기다가 사후에 한 가지로 영원히 천주 대전에 만나 길이 누리기를 천만천만 바란다. 잘 있거라."

1846년 9월 15일. 마침내 조정은 "천주교 죄인 김대건을 효수경중(梟首警衆, 머리를 베어 백성들로 하여금 경계토록 함)하라"는 판결을 내렸다.

김대건 신부는 이튿날인 16일 포도청에서 어영청으로 이송됐다. 어영청 군사들을 시켜 군문효수(軍門梟首)형을 집행하기 위해서였다. 김 신부는 다시 형장인 새남터로 이송됐다.

새남터 백사장. 군문효수형을 구경하고자 많은 군중이 몰려들었다. 죄수를 실은 감옥 달구지가 형장에 도착했다. 잠시 후 나팔소리가 길게 울려 퍼지고 죄수는 옥에서 끌려 나왔다. 기다란 나무 두개로 투박하게 만든 가마에 손을 뒤로 결박당한 죄수를 태웠다. 가마는 군중 사이를 뚫고 형장으로 향했다. 형장인 백사장엔 긴 창이 꽂혀 있었고 창 꼭대기에는 깃발이 펄럭였다. 군사들이 그 주위를 둘러싸고 있었다.

죄수 김대건이 형장에 도착하자 관장은 선고문을 읽어 내려갔다. 마침내 죄수의 웃옷이 반쯤 벗겨졌다. 군졸들은 죄수의 양쪽 귀를 화살로 뚫고는 그대로 두었다. 그런 다음 얼굴에 물을 뿌리고 그 위에 회를 한 줌 끼얹었다. 두 사람이 죄수의 겨드랑이에 나무 몽둥이

지난 2003년 새남터본당 신자들이 연출한 김대건 신부 순교 퍼포먼스.

를 꿰고는 세 바퀴를 돌았다. 죄수는 무릎을 꿇렸다. 군졸들은 죄수 머리채를 새끼로 매어 말뚝처럼 박은 창자루에 잡아맸다. 목을 내리치기 쉽게 하려는 것이었다.

이윽고 칼을 든 군졸 12명이 죄수 주위를 빙빙 돌면서 한 번씩 목을 쳤다. 여덟 번째 칼을 맞고 목이 땅에 떨어졌다. 군졸 하나가 머리를 소반에 담아 관장에게 보여 주었다. 그는 형 집행을 확인한 후 조정에 보고하러 자리를 떴다. 1846년 9월 16일이었다. 조선 최초 탁덕 김대건 안드레아가 천상 영광에 든 날이었다.

5. 시성과 유해 이장 과정
그리고…

안장에서 시성까지

국법에 따르면 처형당한 죄인의 시신은 3일 동안 형장에 그대로 놔둬야 했다. 여기에는 백성들로 하여금 경계토록 한다는 의도도 있었다. 그런 다음에야 친지들이 시신을 거둬 수습할 수 있었다.

하지만 김대건 신부는 의금부 명령으로 그 자리에 묻혔다. 형리들은 입은 옷 그대로 머리를 목에 갖다 붙이고는 깨끗한 거적으로 시신을 싸서 모래밭에 묻었다. 관장은 주변에 보초를 세우고 시신을 지키도록 했다. 교우들이 김 신부 시신을 가져갈까 염려해서였다.

아직 시신을 거두지 못한 교우들의 마음은 타들어 가고 있었다. 그렇게 며칠이 흘렀다.

서 야고보를 비롯한 몇몇 교우가 한밤에 새남터로 갔다. 감시가 뜸해진 틈을 타 김 신부 시신을 찾아 홑이불에 싸서 1㎞ 남짓 떨어진 와서(瓦署, 현 서울 용산우체국 뒤 군종교구청 부근)에 임시 매장했다가 이튿날 다시 인근 왜고개로 옮겼다. 그리고 10월 26일 80㎞ 가량 떨어진 안성 미리내로 옮겼다. 교우 가운데는 17살 청년 이민식(빈첸시오)도 있었

김대건 신부 묘소 자리에 세워진 경당과 김대건 신부 가묘.

다. 김 신부의 시신이 안장된 곳은 이민식의 선산 묘소였다.

이런 일이 있은 지 얼마 후인 1846년 11월 3일 페레올 주교는 파리외방전교회 신학교장 바랑 신부에게 편지를 썼다. 그리고 김대건 신부를 잃은 아픔을 이렇게 표현했다.

"이 젊은 본토인 신부를 잃은 것이 내게 얼마나 가혹한 것이었는지를 신부님은 쉽사리 생각하실 수 있을 것입니다. 나는 그를 아버지가 아들을 사랑하듯 사랑하였으므로 그의 행복만이 그를 잃은 데 대한 위로가 될 수 있습니다. 그는 자기

나라에서 사제품에 오른 사람으로는 처음이고 또 지금까지
는 유일합니다. 그는 성직자로서의 교육에서 그의 동포보다
훨씬 뛰어난 사상을 얻었습니다. 그의 열린 신앙심, 솔직하
고 진실한 신심, 놀랄 만치 유창한 말씨는 대번에 신자들의
존경과 사랑을 그에게 얻어 주는 것이었습니다.… 그에게는
어떤 일이라도 맡길 수가 있었으니 그의 성격과 태도와 지식
은 그 성공을 확실히 보여 주는 것이었습니다. 조선 포교지
가 지금 처해 있는 처지로 보아서 그를 잃은 것은 엄청나고
거의 회복할 수 없는 불행이 되는 것입니다."

(달레, 《한국천주교회사》 하, 121)

페레올 주교는 이 편지와 함께 조선교회에 대단히 중요한 자료
를 파리외방전교회 극동대표부에 보냈다. 김대건 신부를 비롯한 병
오박해 순교자 9위의 순교 행적을 기록한 프랑스어 자료였다. 페레
올 주교는 이에 앞서 그해 9월 22일 현석문 등이 수집한 자료를 바
탕으로 기해박해 순교자 73위의 순교 행적을 역시 극동대표부에 보
냈었다.

당시 파리외방전교회 극동대표부는 마카오에서 홍콩으로 옮겨와
있었고, 마침 홍콩에는 김대건 신부 동기 최양업 부제가 머물고 있었
다. 최양업 부제는 페레올 주교가 보내온 이 자료들을 라틴어로 옮겼
다. 그 자료가 《기해·병오박해 순교자들의 행적》이었다. 이 자료는

이듬해인 1847년 교황청 예부성성(현 시성성)에 보내졌다.

10년 후인 1857년 9월 23일 교황청은 이 순교자 행적에 나오는 순교자 82위 전원을 가경자로 선포했다. 조선 최초 탁덕 김대건 안드레아 신부, 김 신부를 신학생으로 선발한 모방 신부, 김 신부의 아버지 김제준과 최양업의 아버지 최경환도 포함됐다.

김대건 신부는 1925년 7월 5일 바티칸 성 베드로 대성전에서 복자품에 올랐다. 이날 기해·병오박해 순교자로서 가경자로 선포된 82위 중 3위를 제외한 79위가 시복됐다.

1949년 11월 15일 교황 비오 12세는 김대건 신부를 한국에서 전교하는 모든 성직자의 주보로 선포하면서, 김대건 신부의 축일을 김 신부 순교일인 9월 16일에서 김 신부가 시복된 7월 5일로 옮겼다. 오늘날 한국교회가 7월 5일에 지내는 '한국 성직자들의 수호자 성 안드레아 사제 순교자 대축일'이 이렇게 해서 시작됐다.

1984년 5월 6일 서울 여의도광장에서 김대건 신부는 1925년에 함께 시복된 복자 78위와 1968년에 시복된 병인박해 순교자 24위와 함께 성인품에 올랐다. 가톨릭교회 역사상 로마 바깥에서 거행된 첫 시성식이었다. 1890년 제8대 조선교구장에 착좌한 뮈텔(G-·C-·M-·Mütel, 1854~1933) 주교가 내건 사목 표어 '활짝 피어나라, 순교자의 꽃이여'가 마침내 활짝 피어난 것이다.

김대건 신부 유해 이장

미리내 김대건 신부의 무덤은 처음에는 이민식을 비롯한 인근 일대 교우들이 몰래 돌보았을 것이다. 김 신부 시신을 미리내로 옮겨 안장하게 된 것도 이곳에 이민식의 선산이 있었고 박해를 피해 온 교우들이 이 일대에 적지 않게 흩어져 살았기 때문이었다.

교우들은 1853년 페레올 주교가 선종하자 미리내 김대건 신부 묘소 옆에 모셨다. 거센 물결을 헤치고 김대건 신부와 함께 조선에 들어온 페레올 주교는 마침내 이승 삶을 마치고 그토록 아끼고 사랑하던 사제 김대건 옆에 나란히 누웠다. "거룩한 순교자 곁에 있고 싶다"고 유언을 남긴 페레올 주교였다.

얼마 후 조선에는 또 한 차례 박해의 광풍이 휘몰아쳤다. 병인년인 1866년에 시작해 1873년까지 계속된 병인 대박해였다. 박해가 심해지면서 미리내 교우들도 몸을 피했고, 박해가 끝난 후 교우들이 다시 돌아오면서 미리내는 교우촌 모습을 회복했다.

1886년 기해 병오박해 순교자들에 대한 시복 조사 때 조선교구 재판관인 프와넬(V.L.,Poisnel, 1855~1925) 신부가 김대건 신부 묘지 봉분 가운데를 열어 횡대(橫帶)를 발견한 후 다시 덮었다. 횡대란 관을 묻은 뒤 구덩위 위에 덮은 널조각을 말한다.

다시 10여 년의 세월이 흐른 1901년 5월 20일 시복 재판관 프와넬 신부와 서기 드망즈(Florian Demange, 1875~1938, 초대 대구대

교구장 역임) 신부, 미리내 주임 강도영(1863~1929) 신부와 신자약 30명이 김대건 신부 묘지를 파냈다. 교우들 증언은 한결같았다. 이곳이 바로 김대건 신부 묘지라는 것이다. 무덤을 열자 횡대가 나왔고, 횡대를 치우자 관이 나왔다. 관 길이는 1m 82㎝였다. 관을 열고 유해를 쟀다. 머리끝에서 발꿈치까지 1m 62㎝였다.

이들은 김 신부 유해를 여러 묶음으로 조심스럽게 싸서 사제관으로 옮겼다. 김 신부 유해는 5월 23일 서울 용산 예수성심신학교에 도착해 신학교 성당 안에 안치됐다.

50년 가까운 세월이 다시 흘렀다. 1950년 6·25 전쟁이 나면서 유해가 훼손될 것을 염려한 용산 소신학교 교장 이재현(1909~1950?) 신부는 신학생 몇 명을 시켜 김 신부 유해를 성모상이 있는 마사비엘 화단 아래에 묻었다. 김 신부 유해는 9·28 수복 후 다시 발굴, 1·4 후퇴를 즈음해 머리 부분만 경남 밀양 성당으로 옮겨졌다가 다시 서울 혜화동 소신학교로 옮겨졌다.

1960년 혜화동 대신학교 성당이 준공되자 김 신부 유해는 다시 대신학교 성당에 안치됐다. 이때 두개골을 비롯한 굵은 뼈들은 신학교 성당에 안치됐으나 하악골은 미리내(성요셉성당)로, 치아는 절두산순교기념관으로 분리, 안치됐다.

1983년 103위 시성 준비 일환으로 혜화동 대신학교 성당에 안치된 유해에서 왼쪽 정강이뼈를 빼낸 후 다시 봉인했고, 1994년 2

월 17일에는 그동안 유해를 보관해 온 목관이 부식돼 납관으로 교체해 밀봉했다. 일주일 후인 2월 24일 대신학교 대성당 석관에 안치해 오늘에 이르고 있다.

한편 성인들의 유해를 공경하는 교회 전통에 따라 많은 성당과 기관 혹은 개인들도 김 신부의 유해를 일부 보존하고 있는데, 국내는 물론 상해와 마카오, 파리, 로스앤젤레스에 이르기까지 유해를 보존하고 있는 성당이나, 개인, 단체 등은 수백 곳에 이르는 것으로 파악되고 있다.[20]

성인의 유해를 소중히 여기는 그 마음이 성인의 정신을 본받고 살아가는 삶으로 활짝 피어나는 그 날이 바로 김대건 성인의 현양이 올바로 이뤄지는 날일 것이다.

20 가톨릭신문(2016년 7월 3일 자 9면)에 따르면, 교구로부터 유해를 받아 모셔간 본당이나 기관은 141곳에 이른다. 또 김 신부의 오른손 뼈 등의 유해를 보관하고 있던 샬트르성바오로수녀원은 유해를 잘게 쪼개 최소 209 군데에 분배했다.

제4장

김대건 성인의
벗들

제 어머니 (고) 우르술라를 주교님께 부탁드립니다.
10년이 지나 며칠 동안 아들을 볼 수 있었으나
다시 곧 아들과 헤어져야 했습니다.
부디 슬퍼하실 어머니를 위로해 주십시오.

1. '아버지' 모방 신부

모방 신부

사제들에게는 육친의 아버지 외에 또 한 사람의 아버지가 있다. 자신을 신학교에 보낸 사제다. 그래서 사제들은 자신을 신학교에 보낸 사제(보통은 본당 주임 신부)를 '아버지 신부님'이라고 부르며, 육친의 아버지에 못지않은 깍듯한 사랑과 공경으로 모신다.

한국 천주교회의 첫 사제 김대건 성인의 '아버지 신부'는 파리외방전교회 소속 모방(P.P. Maubant, 1803~1839) 신부다. 103위 순교 성인 중 한 분인 모방 신부는 선교를 위해 한국 땅에 들어온 첫 서양 선교사다. 프랑스 바시(Vassy)에서 태어난 모방 신부는 1829년 교구 사제로 서품됐으나 선교를 열망해 1831년 파리외방전교회

선교사가 됐다.

1832년 12월 파리외방전교회 극동대표부가 있는 마카오에서 임지인 중국 사천(四川)으로 가는 길에 모방 신부는 초대 조선교구장 브뤼기에르(B. Bruguière, 1792~1835) 주교와 한동안 동행하게 됐다. 브뤼기에르 주교에게서 조선에 관한 이야기를 들은 모방 신부는 조선 선교를 결행하고, 사천교구장의 허락을 얻었다. 몽고 서만자(西灣子)의 한 교우촌에서 1년 동안 지내면서 한문을 공부하던 그는 1835년 11월 브뤼기에르 주교가 마가자(馬架子)에서 병사했다는 소식을 듣고는 그곳으로 가 장례를 치렀다.

모방 신부는 1836년 1월 12일 의주 변문을 거쳐 조선 땅에 첫발을 내디디고는 3일 후 서울에 도착해 후동(중구 주교동)에 거처를 정한다. 이곳에서 그는 조선어를 배우고 몰래 찾아오는 교우들에게 성사를 집전하면서 파리외방전교회의 선교지 방침인 본토인 사제 양성을 위해 지도층 교우들을 통해 신학생 후보를 물색한다. 한 달이 채 되지 않아 첫 번째 신학생을, 다시 한 달 후에는 두 번째 신학생을 선발해 서울로 불러들이는데, 이들이 최양업과 최방제이다.

이 시기에 용인 골배마실에 살던 김대건 성인의 아버지 김제준(이냐시오)은 사제 입국 소식을 듣고 서울로 올라가 모방 신부에게 세례와 견진을 받고 돌아온다. 부활절을 지낸 모방 신부는 골배마실 인근 은이공소에 내려와 15살 김대건에게 세례를 준다. 모방 신부는 이때 김대건을 유심히 살펴보고 신학생 감으로 낙점했을 것이다. 그리고

7월 11일 김대건을 세 번째 신학생으로 선발해 서울로 불러들인다.

김대건은 먼저 온 두 신학생을 따라 라틴어 공부를 시작했고, 약 5개월이 지난 그해 12월 2일 세 신학생은 모방 신부 앞에서 앞으로 공부하게 될 신학교 교장에게 순명할 것과 조선교구의 사제가 되어 헌신할 것을 서약한다. 그런 다음 그들은 서울을 떠나 이역만리 마카오로 유학길에 오른다. 하지만 김대건 신학생과 모방 신부의 현세 인연은 이것으로 끝나고 만다. 3년 후 모방 신부가 순교하기 때문이다.

김대건 등 세 소년을 유학길에 보낸 후 모방 신부는 1837년 1월에 입국한 샤스탕 신부와 12월에 입국한 제2대 조선교구장 앵베르 주교와 함께 사목 활동을 펼쳤고, 1838년 말에는 조선의 신자 수가 9000여 명으로 늘어났다. 그러나 1839년 기해박해가 일어나면서 앵베르 주교는 자신이 박해의 희생자가 되기로 하고 모방 신부와 샤스탕 신부에게 몸을 피하라고 지시한다. 주교의 지시에 따라 모방 신부는 충청도 홍주의 한 교우촌으로 피신해 지냈다. 이후 주교는 방침을 바꾸어 교우들에게 더 큰 피해를 주지 않도록 자수하라고 권유했고, 이 권유에 따라 모방 신부는 자수해 서울로 압송됐다. 모방 신부는 포도청과 의금부에서 여러 차례 문초를 받은 끝에 1839년 9월 21일 새남터에서 앵베르 주교, 샤스탕 신부와 함께 군문효수형으로 순교한다.

김대건 성인은 그로부터 3년이 지난 1842년 12월 말 국경에서 조선교회 밀사 김 프란치스코를 만나 '아버지 신부'인 모방 신부와 다른 두 선교사(앵베르 주교와 샤스탕 신부)의 순교 사실을 알게 된다. 그리고 사제품을 받은 지 1년 1개월 만인 1846년 9월 16일 아버지 모방 신부가 순교한 그 형장 새남터에서 같은 군문효수형으로 순교한다. 그 아버지 신부에 그 아들 신부였다.

두 신부는 1925년 7월 5일 바티칸에서 비오 11세 교황에 의해 다른 77위 순교자와 함께 시복됐고, 1984년 5월 6일 서울 여의도 광장에서 성 요한 바오로 2세 교황에 의해 시성됐다.

2. "지극히 사랑하는 나의 형제" 토마스 신부

최양업 신부

　　"지극히 사랑하는 나의 형제 토마스, 잘 있게. 천당에서
다시 만나세. 나의 어머니 (고) 우르술라를 특별히 돌보아 주
도록 부탁하네."

　　김대건 성인이 1846년 7월 30일 감옥(우포도청)에서 쓴 편지
마지막 부분에 나오는 구절이다. 성인이 "지극히 사랑하는 나의
형제"라고 부른 토마스는 한국 천주교회 두 번째 사제인 하느님
의 종 가경자 최양업 신부다. 1821년 3월 1일 충청도 홍주 다락
골 새터(충남 청양군 화성면 농암리)에서 아버지 최경환(프란치스
코, 1805~1839, 성인)과 어머니 이성례(마리아, 1801~1840, 복

166

녀) 사이에 6형제 중 장남으로 태어난 최양업은 안양 수리산 뒤뜸이 (안양시 안양9동 담배촌)에서 살 때 조선 최초의 신학생으로 발탁돼 1836년 2월 6일 서울 모방 신부 댁에 도착한다. 3월 14일에는 사촌 최방제가, 7월 11일에는 김대건이 모방 신부 댁에 도착한다.

세 신학생은 그해 12월 서울을 떠나 중국 내륙을 거쳐 1937년 6월 파리외방전교회 극동대표부가 있는 마카오에 도착해 공부를 시작한다. 불과 5개월 남짓 후인 그해 11월 27일 최방제가 열병으로 세상을 떠나 김대건과 최양업은 큰 슬픔과 충격에 빠지지만, 동기의 죽음은 또한 두 사람의 우애와 결속을 한층 끈끈하게 하는 계기가 됐을 것이다.

줄곧 함께 지내면서 공부를 계속하던 두 사람은 1842년 2월 김대건이 스승 메스트르신부와 함께 프랑스 군함을 타고 마카오를 떠나면서 헤어진다. 그러나 뒤이어 최양업도 그해 7월 만주 선교사 브뤼니에르 신부와 함께 프랑스 군함 파보리트호를 타고 마카오를 떠나 8월 말 상해에서 김대건과 상봉한다. 두 신학생은 그해 10월 2일 메스트르 신부, 브뤼니에르 신부와 함께 배편으로 상해를 떠나 1842년 10월 23일 요동반도 태장하에 도착한다. 김대건은 메스트르 신부와 조선 입국로 탐색을 위해 태장하 인근 백가점에 자리를 잡고, 최양업은 브뤼니에르 신부와 함께 페레올 주교가 있는 장춘 부근의 교우촌 소팔가자로 가서 신학 공부를 계속한다.

두 사람은 1843년 4월 김대건이 조선 입국로 탐색을 시도한 후 소팔가자에 오면서 다시 반갑게 만난다. 하지만 이때 김대건이 가지고 온 소식은 1839년 기해년의 박해와 부모님의 치명에 관한 가슴 아픈 사연들이었다. 최양업의 아버지(최경환)와 어머니(이성례), 김대건의 아버지(김제준)가 모두 순교했다는 소식이었다. 슬픔을 가누고 두 사람은 소팔가자에서 신학 공부를 계속해 1844년 12월에는 제3대 조선교구장 페레올 주교에게 나란히 부제품을 받는다. 곧이어 김대건 부제는 페레올 주교의 지시로 조선 입국로 개척을 위해 소팔가자를 떠나는데 이 길이 두 사람이 이승에서 다시 만나지 못할 마지막 길이 되고 말았다.

메스트르 신부와 함께 계속 소팔가자에 머무르던 최양업 부제는 1846년 1월 두만강 쪽을 통해 입국을 시도하다 실패하고 그해 12월 다시 압록강 쪽 변문을 통해 입국하려다 조선 밀사들의 만류로 포기한다. 그리고 이때 비로소 병오박해로 김대건 신부가 순교했음을 알게 된다.

최양업 부제는 이후 파리외방전교회 극동대표부가 옮겨와 있는 홍콩으로 내려가 기해박해와 병오박해 순교자들의 전기를 라틴어로 번역한다. 1847년 여름, 메스트르 신부와 함께 프랑스 군함을 타고 홍콩을 떠나 전라도 고군산도 부근까지 와서 섬에 상륙하지만, 끝내 조선에 머물지 못하고 상해로 간다. 1849년 초에는 김대건 신부가 그린 조선 전도를 참고로 백령도 근처까지 왔다가 다시 실패하고 상해로 돌아간다. 그리고 그해 4월 15일 상해 서가회 예수회 신학원 성당에서 강남대목구장 마레스카(F.X. Maresca, 1806~1855) 주교에게서 사제품을 받는다.[21] 김대건 성인보다 3년 8개월 늦게 한국 천주교회의 두 번째 사제가 된 것이다.

최양업 신부는 1849년 12월 3일 봉황성 변문을 거쳐 마침내 조선 입국에 성공한다. 그리고 만 11년 동안 교우촌 순방을 비롯해 기해·병오박해 순교자들의 행적 조사, 한글로 된 기도서(천주성교공과)와 교리서(성교요리문답) 및 천주가사 저작 등 헌신적인 사목 활동을 펼치다가 1861년 6월 15일 서울로 올라오는 길에 문경 부근에서 장티푸스와 과로가 겹쳐 선종했다. 최양업 신부의 시신은 문경에 가매장됐다가 그해 11월 초 배론으로 옮겨져 안장됐다.

최양업 신부의 시복 추진

최양업 신부의 시복 시성 추진 작업은 1996년 청주교구에서 시작하다가 1997년 주교회의에서 한국 천주교회의 시복 시성 작업을 통합해서 추진하기로 함에 따라 2001년 한국 주교회의가 시복 시성 안건의 청구인이 되어 시복 시성 추진 작업을 시작했다.

---

21 최양업 신부의 사제 서품 장소가 서가회 성당이 아니라 상해 장가루 성당이라는 주장이 설득력을 얻고 있다(가톨릭신문 2009년 4월 12일자; 가톨릭평화신문, 2016년 10월 9일 자 참조).

2004년 교황청으로부터 시복 시성 추진에 장애가 없다는 통보를 받음으로써 최양업 신부는 '하느님의 종'으로 불리게 됐고, 한국 교회는 2005년부터 예비심사를 시작해 시복 재판과 현장 조사, 기적 심사 등을 마치고 하느님의 종 최양업 토마스 신부 시복 시성 법정 문서를 2016년 교황청 시성성에 제출했다.

프란치스코 교황은 그해에 하느님의 종 최양업 토마스 신부의 영웅적 성덕(heroic virtue)을 인정하는 교황청 시성성 교령을 승인함으로써 최양업 신부는 '가경자' 칭호를 얻었다. 하느님의 종 가경자 최양업 신부가 시복되기 위해서는 최양업 신부의 전구를 통한 기적이 교황청의 승인을 얻어야 한다.

그러나 시복에 필요한 기적이 교황청 심사에서 인정되지 않음에 따라, 한국 주교회의는 2021년 가을 정기총회에서 최양업 신부의 전구를 통한 기적 심사를 재추진하기로 하고, 주교단 담화를 통해 가경자 최양업 신부의 시복을 위해 모든 신자가 한마음으로 노력해 줄 것을 호소했다.

3. 교구장 페레올 주교

페레올 주교

"정신적으로 주교님의 발아래 엎드려 지극히 사랑하올 저의 아버지이시며 지극히 공경하올 저의 주교님께 마지막으로 인사를 드립니다. … 천국에서 다시 뵙겠습니다."

김대건 성인이 1846년 8월 26일 한양 포도청 옥중에서 페레올(J-.J-.J-. Baptiste, 1808~1857) 주교에게 쓴 편지의 마지막 대목이다. 페레올 주교에 대한 성인의 마음이 잘 드러나 있다. 페레올 주교는 성인에게 신학을 가르친 스승이었고 부제품을 수여한 교구장 주교였으며 각별한 애정으로 성인을 품어준 영적 아버지였다. 성인이 페레올 주교에게 어머니(고 우르술라)를 부탁하면서 "지극히 사랑하올 아버지"라고 부른 것은 의례적 인사가 아니었다.

페레올 주교는 1808년 프랑스 아비뇽 교구의 퀴퀴롱(Cucuron)에서 태어났다. 정확한 시기는 알 수 없지만 1830년대 초반에 교구사제가 된 그는 선교사가 되고자 1838년 9월 파리외방전교회에 입회한다. 7개월의 준비기간을 거쳐 1839년 4월 조선 선교를 꿈꾸며 프랑스에서 출발한 그는 1840년 1월 23일 파리외방전교회 극동대표부가 있는 마카오에 도착한다. 아마 여기서 그는 조선의 두 신학생 김대건과 최양업을 처음 봤을 것이다. 당시 김대건은 잦은 병치레를 했기에 이 서양 선교사의 눈에 허약한 동양 젊은이로 비쳤을지 모른다.

1840년 3월 6일 다시 마카오를 떠난 페레올 주교는 만 4개월이 지난 7월 10일 내몽고 서만자에 도착한다. 서만자는 초대 조선교구장 브뤼기에르 주교, 2대 조선교구장 앵베르 주교가 거쳐 간 곳이기도 했다. 이곳에서 몸을 추스른 페레올 주교는 조선교회와 접촉하고자 심양에 갔다가 뜻을 이루지 못하고는 1840년 말이나 1841년 초에 소팔가자로 거처를 옮긴다. 그리고 이곳에서 비로소 자신의 임지가 조선으로 확정됐음을 알게 된다. 하지만 당시 조선교회는 기해박해(1839)의 여파로 외부와 연락할 겨를이 없었다.

소팔가자에 머무른 지 만 2년이 지난 1843년 초 페레올 주교는 자신이 벨린의 명의 주교이자 계승권을 지닌 조선교구 부교구장 주교로 임명됐다는 사실을 뒤늦게 알게 된다. 그리고 그해 4월 김대건을 만난다. 김대건은 스승 메스트르 신부와 함께 요동반도 백가점에서 머물며 조선 입국로 탐사를 한 후에 페레올 주교가 있는 소팔가자로 옮겨온 것이다.

소팔가자에서 만난 김대건은 3년 전 마카오에서 잠시 스쳐 가듯이 보았던 그 허약한 젊은이가 아니었다. 건장하고 대범한 청년으로 바뀌어 있었다. 게다가 이제는 서양 선교사와 동양 신학생의 단순한 만남이 아니었다. 조선교구 제3대 교구장 주교와 조선교구 신학생의 만남이었다. 앵베르 주교가 기해박해 때 순교했기에 페레올 주교는 이미 제 제3대 조선교구장이 돼 있었던 것이다. 다만 아직 주교로 축성되지 못했을 따름이었다.

페레올 주교는 메스트르 신부를 통해 그동안 김대건의 행적에 대해, 특히 그가 1842년 말 혼자서 의주 변문까지 다녀온 일이며, 소팔가자로 옮겨오기 직전에는 봉황청 변문으로 조선교회 밀사를 만나고 온 일 등에 관해 들었을 것이다. 그런 신학생 김대건의 모습이 페레올 주교에게는 매우 든든했을 것이다.

소팔가자에서 동료 최양업과 함께 페레올 주교와 메스트르 신부에게 신학 공부를 계속하던 김대건은 1843년 가을 메스트르 신부의 지시로 다시 한번 봉황성 변문으로 나가 조선교회 밀사를 만나고 돌아온다.

1843년 12월 31일 개주(蓋州) 양관 성당에서 주교로 축성된 페레올 주교는 바로 900리 떨어진 심양으로 내려가 1844년 1월 20일 조선에서 온 밀사 김 프란치스코를 만나 조선 입국 가능성을 타진한다. 그러나 상황이 녹록하지 않아 당장 입국은 힘들고 연말쯤이나 입국을 준비하겠다는 답변을 듣고 소팔가자로 돌아온 페레올 주교는 바로 김대건에게 조선 동북쪽을 통한 입국로를 알아보도록 지시한다. 김대건은 2월 5일 소팔가자를 떠나 두 달가량 만주를 거쳐 두만강을 접하고 있는 훈춘과 경원 지역을 탐사한 후 4월 소팔가자로 돌아와 신학 공부를 계속한다.

페레올 주교는 1844년 12월 초 김대건과 최양업 두 신학생에게 부제품을 준다. 조선교구장 주교가 조선교구 신학생에게 준 최초의 대품(大品, 부제품과 사제품을 '대품'이라고 함)이었다. 이어 김대건 부제를 데리고 연초에 밀사 김 프란치스코와 약속한 대로 조선에 입국하기 위해 1845년 1월 1일 봉황성 변문에 도착한다. 그러나 국경 경비가 삼엄해 주교의 입국이 불가능하다는 통보를 들은 페레올 주교는 김대건 부제만 입국시키기로 하고 김대건 성인에게 입국하면 서해 뱃길을 통해 상해로 오라고 지시한다. 바닷길을 통한 입국을 구상한 것이다. 그리고 자신은 요동에서 배를 타고 마카오로 내려간다.

1845년 1월 15일 서울에 도착해 3개월 보름가량 지낸 성인은 4월 30일 페레올 주교가 지시한 대로 11명의 조선 교우와 배를 타고 제물포를 출발한다. 6월 4일 상해에 도착한 성인은 마카오에 있는 페레올 주교에게 서한을 보내고, 페레올 주교는 조선 선교사로 발령받은 다블뤼 신부와 함께 7월 17일 마카오를 출발해 홍콩을 거쳐 상해에 온다. 만일을 대비해 만주대목구 선교사 베르뇌 신부를 교구장 승계권을 지닌 자신의 후임 부주교로 임명하는 서한을 작성해 놓고 나서였다. 상해에 도착한 며칠 후인 8월 17일 페레올 주교는 상해 근교 김가항 성당에서 김대건 부제를 한국 천주교회의 첫 사제로 서품했다.

페레올 주교는 8월 31일 김대건 성인이 조선에서 타고 온 라파엘호를 타고 성인과 다블뤼 신부와 함께 상해를 떠나 조선으로 향한다. 9월 28일 제주도 앞바다 차귀도에 표착했다가 10월 12일 강경 부근의 황산포 나바위에 도착한 페레올 주교는 신자들의 안내로 서울에 올라와 지내며 서울과 경기도를 중심으로 사목 활동을 시작한다.

1846년 초 메스트르 신부와 최양업 부제가 서북쪽 국경을 통한 국내 입국에 실패하자, 페레올 주교는 김대건 성인에게 서해 해로를 통한 입국로를 개척하라고 지시한다. 이에 따라 성인은 5월 14일 교우들과 함께 마포 포구를 떠나 서해 뱃길 탐사에 오른다. 그러나 그것이 마지막이었다. 성인은 백령도를 중간 기착지로 활용하는 뱃길 탐사를 마치고 돌아오던 중 6월 5일 순위도 등산진에서 체포되고 해주를 거쳐 서울로 압송된 후 마침내는 9월 16일 새남터에서 순교한다.

페레올 주교는 파리외방전교회 신학교장 바랑 신부에게 보낸 편지에서 성인을 잃은 것을 "가혹하다"고 표현하면서 "나는 그를 아버지가 아들을 사랑하듯 사랑하였다"며 성인에 대한 각별한 사랑을 드러냈다.

페레올 주교는 성인의 순교 후 성인을 포함한 병오박해 순교자 9위에 대한 기록을 정리하고 이전부터 조사해오던 기해박해 순교자 73위 기록을 더해 교황청에 보냈고, 교황청은 1857년에 기해·병오박해 순교자 82위를 가경자로 선포한다.

그러나 페레올 주교는 안타깝게도 성인이 가경자로 선포되기 4년 전인 1853년 2월 3일 45세로 선종한다. 박해의 위험 속에서 1만 명이 넘는 신자를 사목하면서 과로로 건강이 악화돼 병사(病死)한 것이다. 페레올 주교의 육신은 미리내로 옮겨져 아들처럼 사랑한 김대건 신부 묘 옆에 안장됐다.

4. 스승 메스트르 신부와 베르뇌 주교

베르뇌 주교

김대건 성인은 1846년 7월 30일 서울 우포도청 감옥에서 한 통의 편지를 쓴다. 성인의 열아홉 번째인 이 편지의 수신인은 베르뇌·메스트르·리브와·르그레즈와 신부였다. 성인은 "지극히 공경하올 신부님들에게 한 장의 편지를 보내게 되니 결례가 되는 것 같습니다" 하고 죄송함을 표현하면서 "그러나 이곳의 환경과 공경하올 신부님들에게 대한 생각과 애정이 이렇게라도 하지 않을 수 없게 합니다"라며 네 신부에게 한꺼번에 편지를 쓰게 된 사정을 밝힌다.

이들 네 신부는 짧게는 몇 주에서 길게는 몇 년 동안 성인에게 배움을 준 스승들이었다. 이들 가운데 르그레즈와 신부는 1830년부터 1841년 말까지 12년간 마카오 파리외방전교회 극동대표부 대표로 지내면서 김대건 최양업 최방제 등 세 조선 신학생을 위해 극동대표부 내에 조선신학교를 세우고 라틴어와 프랑스어 등을 직접 가르쳤다. 또 리브와 신부는 1837년 마카오에 도착해 극동대표부 부대표를 지내면서 성인에게 라틴어와 프랑스어, 교리 등을 가르쳤다. 1841년 말, 르그레즈와 신부의 후임으로 극동대표부 대표가 된 후에는 김대건 성인의 프랑스 함대 승선을 주선했을 뿐 아니라 조선 교회를 포함한 극동 지역 선교를 적극적으로 지원했다.

이런 연유에서인지 김대건 성인이 이전까지 쓴 서한 18통의 수신인은 르그레즈와 신부와 리브와 신부가 압도적으로 많다. 성인이 1842년 2월 마카오를 떠난 후 마닐라에서 쓴 첫 번째 서한부터 1843년 1월 만주 요동 백가점에서 쓴 여섯 번째 서한까지 6편의 서한 중 세 편은 르그레즈와 신부가 수신인이고 나머지 세 편은 리브와 신부가 수신인이다. 그리고 성인의 일곱 번째 서한부터 열여덟 번째 서한까지 12편의 서한은 유실된 열다섯 번째 서한을 제외하고는 수신인이 모두 페레올 주교와 리브와 신부다. 유실된 열다섯 번째 서한의 수신인은 1842년 김대건 성인이 상해에 있을 때 도움을 주었고 1845년 6월 부제의 신분으로 조선 교우들과 상해에 왔을 때 성인 일행에게 고해성사를 주고 미사를 집전해 준 예수회 선교사 고틀랑 신부에게 쓴 것이다.

그런데 감옥에서 언제 죽을지 모르는 상황에서 쓴 열아홉 번째 서한의 수신인에 리브와 신부와 르그레즈와 신부 외에 베르뇌 신부와 메스트르 신부까지 포함됐다면, 이는 이 두 신부에 대한 성인의 각별한 감정을 드러내는 것이라고 할 수 있다.

메스트르(J.A. Maistre, 1808~1856) 신부는 1808년 프랑스 동부 안시교구 앙트르몽(Entremont)에서 태어나 1832년 사제가 된 후 7년 동안 교구 사제로 사목하던 중 동양 선교를 위해 1838년 파리외방전교회에 입회한다. 베르뇌(S. F. Berneux, 1814~1866, 성인) 신부는 프랑스 르망교구 샤토 뒤 르와르(Châeau-du-Loir)에서 태어나 1837년 사제품을 받고 대신학교에서 철학을 가르치다가 역시 동양 선교에 뜻을 두고 1839년 파리외방전교회에 입회한다.

두 신부는 1840년 1월 함께 프랑스에서 출발해 그해 9월 마카오의 파리외방전교회 극동대표부에 도착해서 김대건 성인과 인연을 맺는다. 베르뇌 신부는 몇 주라는 짧은 기간이지만 성인과 최양업 등 극동대표부 신학생들에게 철학을 가르치다가 1841년 1월 임지인 통킹(북베트남)으로 떠나고, 임지가 결정되지 않은 메스트르 신부는 극동대표부 일을 도우면서 조선 신학생들 교육을 함께 맡는다. 이 기간에 메스트르 신부는 김대건 성인을 유심히 지켜보았을 것이다.

1842년 2월 프랑스 함대의 세실 함장이 극동대표부를 찾아와 교역하러 조선에 갈 방침을 밝히면서 통역으로 조선인 신학생을 요청했고, 극동대표부는 이 기회에 메스트르 신부를 조선에 파견키로 했다. 그러자 메스트르 신부는 통역으로 김대건을 지목한다. 성인이 불어를 잘해서라기보다 병치레가 잦아 프랑스 함대 의사의 도움으로 성인의 병을 치료하려는 목적이 더 컸을 것이다. 메스트르 신부는 이후 1845년 12월 성인이 부제품을 받고 조선 입국을 위해 만주를 떠날 때까지 대부분 같이 보낸다.

김대건 부제가 떠난 후 메스트르 신부는 최양업 부제와 함께 지내면서 여러 차례 입국을 시도했으나 번번이 실패하고 우여곡절 끝에 1852년에야 서해안을 통해 입국에 성공한다. 조선 선교사로 임명을 받은 지 10년이 지나서였다.

1853년 페레올 주교가 선종하자 임시로 조선교회 책임을 맡기도 했던 메스트르 신부는 성영회(聖嬰會)를 설립해 고아들의 구제 사업에 힘을 쏟으면서 1855년에는 배론에 신학교를 세우는 등 헌신적으로 사목한다. 1856년 제4대 조선교구장 베르뇌 주교가 입국한 후에는 충청도 지역을 맡아 전교와 사목에 힘쓰다가 과로로 쓰러져 1857년 12월 20일 충남 덕산 황무실(충남 당진시 합덕읍 석우리)에서 선종한다. 메스트르 신부의 유해는 합덕성당 묘지를 거쳐 대전 가톨릭대학교 성직자 묘역에 안장돼 있다.

한편 통킹에 간 베르뇌 신부는 그곳에서 붙잡혀 사형선고를 받고 2년 동안 옥에 갇혔다가 프랑스 함대 함장의 도움으로 구출된 후 1844년 3월 요동에 도착해 만주대목구에서 선교사로 활동한다.

그는 1849년 만주대목구 보좌주교로 임명됐으나 극구 사양하다가 1854년 12월 27일 주교품을 받는다.

그런데 베르뇌 신부는 이미 1845년 7월 15일 자로 제3대 조선교구장 페레올 주교에 의해 교구장 승계권을 지닌 부주교로 임명된 상태였다.[22] 1853년 페레올 주교가 선종하자 교황은 1854년 8월 5일 자 칙서를 통해 베르뇌 주교를 제4대 조선교구장에 임명하면서 조선으로 부임할 것을 명령한다. 베르뇌 주교는 이 칙서를 자신의 주교 수품 3일 전에야 전달받았다.

베르뇌 주교는 1856년 3월 29일 서울에 도착해 10년 동안 교구장으로서 사목하다가 1866년 병인박해 때 체포돼 그해 3월 7일 자신이 잠시 제자로 가르쳤던 김대건 성인이 순교한 새남터에서 순교한다. 베르뇌 주교는 1968년 복자품에 오르고, 1984년 김대건 신부와 함께 시성된다.

---

22 김대건 성인은 열아홉 번째 서한에서 처음에는 '베르뇌 신부님'이라고 썼으나 마지막에는 '베르뇌 주교님 안녕히 계십시오'라고 쓴다. 이는 김대건 성인이 베르뇌 신부의 부주교 임명 사실을 알고 있었음을 나타낸다고 할 수 있다.

5. 생사를 같이한 현석문

현석문

　김대건 성인이 부제품을 받고 입국했을 때부터 순교할 때까지 생사고락을 사실상 함께한 교우가 있다. 현석문(가롤로, 1797~1846, 성인)이다. 현석문은 서울의 역관 집안 출신으로 약국을 운영하다가 1801년 신유박해 때 순교한 현계흠(플로로, 1763~1801, 복자)의 아들이다. 또 기해박해 때 순교한 현경련(베네딕타, 1794~1839, 성녀)의 동생이기도 하다.

　현석문은 부친이 순교한 후 자주 이사 다니며 어렵게 살았으나 믿음의 끈을 놓지 않았고 1820년대 중반 이후에는 교리교육과 전교를 위한 평신도 단체인 명도회 회원으로서 활발하게 활동한다. 1837년 샤스탕 신부가 입국하자 그의 복사가 되어 측근에서 보필하던 중

1839년 기해박해가 일어나면서 아내 김 데레사가 붙잡혀 순교하고 아들 은석도 옥에서 병사하고 만다. 아내와 아들이 붙잡혔을 때 자신도 자수해 순교하려 했으나 선교사들의 만류로 뜻을 접었다.

기해박해가 일어나 많은 교우가 붙잡혀 목숨을 잃은 데다 프랑스인 선교사가 3명이나 있다는 사실이 당국에 알려지면서 제2대 조선교구장 앵베르 주교는 자수를 결심하고 나중에는 다른 두 선교사에게도 자수를 권고한다. 현석문에게는 조선교회를 부탁하며 순교자들의 행적을 수집하라는 임무를 맡긴다. 현석문은 주교의 뜻에 따라 회장 직분을 수행하면서 최형(베드로) 이재의(토마스) 등의 도움으로 약 3년에 걸쳐 순교자들의 행적을 조사하고 수집해 정리하는데 이것이 1841년의 원본《기해일기》다.

현석문은 김대건 성인을 언제부터 알고 있었을까? 1820년대부터 명도회 회원으로 열심히 활동했기에 소년 김대건이 신학생으로 발탁되어 서울에 올라와 지냈을 때부터 성인을 알았을 가능성이 크다. 그러나 두 사람의 진짜(?) 인연은 성인이 부제품을 받고 조선에 입국한 1845년 1월부터 시작한다. 목자 없는 교회를 5년 동안 이끌어오던 현석문은 김대건 부제가 온다는 소식에 다른 신자 6명과 함께 의주 변문으로 출발한다. 하지만 사정이 여의치 않자 현석문은 평양에서 멈추고 김대건 부제가 국경을 넘어 평양에 도착하자 만나서 함께 한양에 들어온다.

김대건 부제는 한양에 머물면서 신학생 2명을 지도하는 한편 현석문의 도움을 받아 '조선 순교사와 순교자들에 관한 보고서'를 작성한다. 또 현석문을 충청도로 보내어 해변에 집을 마련토록 한다. 선교사들이 서해를 통해 입국할 때 활용할 집이었다. 현석문이 집을 구하지 못하고 돌아오자 성인은 서울 돌우물골(석정동)에 집 한 채를 구하고 배도 한 척 산다. 배는 자신이 직접 타고 중국으로 건너갈 배(라파엘호)였고, 집은 앞으로 자신과 선교사들의 거처로 삼을 집이었다.

1845년 4월 30일 김대건 성인은 이 배를 타고 제물포를 출발해 상해로 떠난다. 현석문을 비롯한 11명의 신자가 사공 역할을 하며 함께했다. 풍랑을 만나 한 달이 넘는 힘든 항해 끝에 어렵사리 상해에 도착한 성인은 8월 17일 상해 김가항 성당에서 조선교구장 페레올 주교 집전으로 조선의 첫 사제가 된다. 현석문과 조선 교우들은 그 역사적 광경을 보며 감격의 눈물을 흘렸을 것이다. 성인과 교우들은 8월 31일 페레올 주교를 모시고 다블뤼 신부와 함께 상해를 떠나 9월 28일 제주도에 표착했다가 10월 12일에는 서해안 강경 나바위에 도착한다.

현석문은 이 모든 여정을 김대건 성인과 함께하면서 지극정성으로 성인을 보필했을 것이다. 김대건 성인에게는 현석문이 믿고 의지할 수 있는 버팀목이었지 않았을까. 성인은 현석문 등과 함께 상해에서 지낼 때 스승 리브와 신부에게 쓴 편지에서 성인들의 상본을 구해달라고 청하는데 거기에는 '가롤로' 성인의 상본도 있었다. 이는 성인이 현석문 가롤로를 생각하는 마음이 그만큼 각별했음을 알게 해주는 것이라고 할 수 있다.

1846년 6월 5일 김대건 성인은 교구장 페레올 주교의 지시로 서해 해상을 통한 선교사 입국로를 탐사하고 돌아오던 중 순위도에서 체포된다. 성인이 붙잡혔다는 소식을 들은 현석문은 돌우물골에 있던 성물들과 교회 서적들을 즉각 다른 곳으로 숨기고 자신도 몸을 피하지만 7월 15일에 체포된다.

교회 지도자이자 비밀리에 외국을 왕래했다는 사실이 드러나면서 현석문은 김대건 성인이 순교한 새남터에서 성인보다 3일 늦은 1846년 9월 19일 성인과 같은 군문효수형으로 순교한다. 현석문은 1925년 7월 5일 김대건 성인과 함께 복자품에 오르고, 1984년 5월 6일에는 함께 성인품에 오른다.

6. 최방제의 형 최형

최형

　　1845년 8월 17일 상해 인근 김가항 성당에서 거행된 김대건 성인의 사제 서품식에는 인천 제물포에서부터 성인과 함께 배를 타고 상해로 건너온 11명의 조선인 교우가 참석했다. 이들 모두가 조선의 첫 사제 탄생을 보며 가슴이 벅차올랐지만, 다른 10명과는 또 다른 감회에 깊이 젖은 한 사람이 있었다. 최형(베드로, 1814~1866)이었다. 그는 김대건 성인과 함께 신학생으로 선발돼 마카오로 유학을 떠났다가 1837년 11월 현지에서 열병으로 선종한 최방제의 친형이었다.

　　최형은 충청도 홍주에서 최인호(야고보)와 황 안나의 둘째 아들로 태어났다. 막내 최방제가 태어난 후 가족이 경기도 남양으로 옮겨가 살던 때인 1836년 3월 모방 신부는 최방제를 신학생으로 선발해 서울로 불러들였다. 그러면서 최형의 식견 있는 신심과 지성과 요령을 보고 그를 자신의 복사로 삼았다. 따라서 최형과 김대건 성인의 인연은 성인이 신학생으로 선발돼 서울로 올라온 1836년 7월 이후 시작됐다고 할 수 있다. 복사로서 모방 신부를 가까이에서 모시면서 예닐곱 살 아래 동생 또래인 신학생 김대건을 애틋한 관심과 사랑으로 지켜봤을 것이다. 물론 불과 몇 개월이었겠지만.

1839년 기해박해로 모방 신부가 붙잡혀 순교했을 때 다행히 몸을 피한 최형은 1840년 아버지와 다른 신자들과 함께 포졸들에게 붙잡히지만, 박해의 끝 무렵이어서인지 돈만 갈취당하고 풀려났다.

기해박해로 조선의 선교사들이 모두 순교하자 최형은 샤스탕 신부의 복사였던 현석문과 앵베르 주교의 복사였던 이재의(토마스)와 함께 목자 없는 교회를 이끌어간다.

1845년 김대건 부제가 입국하자 최형은 현석문, 이재의 등과 함께 성인을 돕다가 성인을 따라 상해로 건너가 성인의 사제 서품식에 참석한다. 그리고 사제가 된 성인과 페레올 주교와 다블뤼 신부를 모시고 귀국해서도 계속 성인을 보필하던 중 1846년 병오박해로 김대건 성인이 붙잡혀 순교하면서 성인과의 현세적 인연은 끝나고 만다.

이때까지 혼자 살았던 최형은 계속 독신 생활을 하기가 어려워지자 혼인을 하고 남대문 밖에서 작은 사업을 시작해 비교적 유복하게 생활한다. 그러면서 틈나는 대로 교회 서적을 베끼거나 묵주를 만들어 신자들에게 나눠주고 외교인(外敎人)들을 권면하며 예비 신자들을 가르치는 데도 힘을 쏟는다.

1856년에 입국한 제4대 조선교구장 베르뇌 주교는 최형의 모범적인 생활을 눈여겨보고 회장에게만 부여하는 대세(代洗, 죽을 위험이 있을 때 같은 위급한 경우에 정식 세례성사를 대신해서 주는 세례) 주는 권한을 정식 회장이 아닌 최형에게도 부여한다. 또 신자들에 대한 교육이 시급하다고 본 베르뇌 주교는 신자 교육을 위해 여러 가지 교리 서적을 출판할 계획을 세우고 1861년 서울에 인쇄소를 설립해 그 책임을 최형에게 맡긴다. 최형은 교구장의 지시에 따라 약 4년 동안 교회 서적을 출판하는 일에 힘을 쏟았고, 〈성교일과〉〈성찰기략〉〈성교요리문답〉〈천주성교공과〉〈신명초행〉〈영세대의〉〈천주성교예교〉〈성교절요〉 같은 많은 교회 서적이 최형의 손을 거쳐서 나오기에 이른다.

1866년 병인박해가 일어나면서 최형은 베르뇌 주교 하인의 밀고로 박해 초기인 2월 19일에 붙잡히고 3월 9일 서소문 밖에서 참수형으로 순교한다. 순교자 최형은 1968년 10월 6일 바티칸 성 베드로 대성전에서 병인박해 순교자 23위와 함께 성 바오로 6세에 교황에 의해 시복되고, 1984년 5월 6일 서울 여의도광장에서 다른

102위 순교 복자와 함께 성 요한 바오로 2세 교황에 의해 시성된다.

최형 성인의 유해는 절두산 순교성지에 모셔져 있으며 일부는 성인이 순교한 서소문성지 역사박물관 콘솔레이션 홀 제대 아래에 모셔져 있다.

7. "포교지에서 봉사"하다가 함께 순교한 네 여인

       김대건 성인의 체포가 계기가 되어 일어난 1846년 병오박해로 순교한 교우는 모두 9명이다. 그중 4명은 여성이었다. 서울 석정동(돌우물골) 성인의 처소를 돌보았던 이 여교우들은 성인의 표현에 따르면 "포교지에서 봉사하던"(열아홉 번째 서한) 이들이었다. 이 여인들은 성인이 체포되고 한 달가량 지난 1846년 7월에 체포돼 그해 9월 20일 순교의 월계관을 받았다. 1925년 성인과 함께 복자품에 오르고 1984년 성인과 함께 성인 반열에 네 여인은 김임이(데레사, 1811~1846), 이간난(아가타, 1814~1846), 정철염(가타리나, 1817~1846), 우술임(수산나, 1803~1846)이다.

김임이는 서울의 교우 가정에서 태어나 7살 때 동정을 결심하고 신앙생활에 전념했다고 한다. 20세 때 부친이 사망하자 친척들의 집을 전전하며 살았고 1839년 기해박해 후에는 기해박해 순교자 이문우(요한, 1810~1840, 성인)의 양어머니 오 바르바라의 집에서 지냈다. 이문우가 체포되기 전에 자신의 양어머니를 보살펴달라고 간곡히 부탁한 데 따른 것이었다. 그러다가 1845년 김대건 성인이 석정동에 집을 구한 후에는 석정동으로 거처를 옮겨 지내며 성인의 처소를 돌보았다.

정철염   이간난   우술임   김임이

이간난은 서울 외교인 집안에서 태어나 18세에 결혼하지만 3년 후 과부가 됐다. 이즈음에 천주교에 관한 이야기를 듣고 입교한 이간난은 중국인 유 파치피코 신부에게 세례를 받고 시어머니와 집안 식구 2명을 입교시킨다. 그러나 시댁에서 자유롭게 신앙생활을 할 수가 없었던 이간난은 서울 장동(종로구 효자동 창성동 일대)에 집을 얻어 살면서 나중에는 우술임을 받아들여 같이 지내게 된다. 그러면서 김임이, 정철염 등과 함께 김대건 성인의 처소를 돌보았다.

정철염은 수원에서 태어났으나 자라서는 포천 지방의 양반집 하녀로 들어가 주인집 가족에게 교리를 배워 신앙생활을 시작했다. 하지만 주인이 미신을 강요하는 바람에 더 견딜 수 없어 서울로 도망쳐 와 교우들 집을 전전하면서 지내다가 김임이가 김대건 성인의 석정동 처소로 거처를 옮기자 따라가 함께 지내며 성인의 처소를 돌보았다.

우술임은 경기도 양주의 양반집 딸로 15살에 인천의 어느 교우에게 출가하여 남편의 권유로 입교했다. 1828년 임신한 몸으로 체포돼 모진 고문을 받고 2개월의 옥살이 끝에 풀려났는데 그 후유증으로 평생을 고통스럽게 지내야 했다. 그후 남편을 여의고 과부가 된 우술임은 1841년 서울로 이사해 교우 집을 전전하면서 신앙생활을 계속하다가 나중에는 이간난의 집에서 함께 지냈다.

1845년 10월 사제가 되어 귀국한 김대건 성인은 서울 석정동 집을 거점으로 삼아 서울과 경기도 용인 일대에서 사목 활동을 펼쳤다. 따라서 여교우들은 성인이 집에 있을 때는 부녀자가 할 수 있는 수발로 성인을 돕고 성인이 사목을 위해 출타했을 때는 성인의 집에 거처하면서 처소를 돌보았을 것이다. 성인이 서해를 통한 선교사 입국로 개척을 위해 1846년 5월 복사 이의창(베난시오)을 데리고 서해로 떠난 후에는 주로 이 여교우들이 석정동 집을 지켰을 것이다.

김대건 성인이 체포됐다는 소식을 들은 현석문은 석정동 성인의 처소를 다른 사람에게 맡기고 그 집에 거처하던 여교우들을 이간난의 집으로 피신시켰다. 그리고 자신은 사포서동(종로구 통인동)에 새로 매입한 집으로 피신했다. 하지만 1846년 7월 15일 김임이, 이간난, 정철염 세 여교우와 현석문이 사포서동 집에 함께 모여 있을 때 포졸들이 들이닥쳐 이들을 모두 체포한다. 여교우들이 피신해 숨은 이간난의 집을 수소문해 찾은 포졸들은 그 집에 남아 있던 우술임을 추궁한 끝에 그를 앞세워 서포사동 집을 덮친 것이다.

이렇게 해서 현석문과 함께 포도청으로 압송된 네 여교우는 모진 고문과 문초에도 꿋꿋이 신앙을 고백하다가 1846년 9월 20일 모두 포도청에서 교수형으로 순교한다. 그들이 극진히 모시며 수발을 들었던 김대건 성인이 순교한 4일 후였고, 함께 붙잡힌 현석문이 순교한 바로 다음 날이었다.

이 네 여교우는 김대건 성인과 현석문 회장과 함께 1925년 7월 5일 바티칸에서 복자품에 올랐고, 1984년 5월 6일 서울 여의도광장에서 성인품에 올랐다.

8. 성인 시신을 미리내에 모신
이민식[23)]

     1846년 9월 16일 새남터 형장에서 김대건 성인이 참수형으로 순교한 후 그 시신은 현장에 가매장됐다. 국법에 따르면, 죄인의 시신은 3일 동안 그대로 두어야 하고 이 기간이 지나면 연고가 있는 이들이 자유로이 거둘 수 있었다. 하지만 성인의 경우 의금부의 지시에 따라 형장에 바로 묻고는 시신을 가져가지 못하도록 주변을 지켰다.

     어느 날 경비가 소홀한 틈을 타서 교우 몇 명이 성인의 시신을 몰래 거둬 왜고개 아래 와서(瓦署, 조선 시대 나라에 기와와 벽돌을 공

23 《교회와 역사》 479호와 480호에 실린 '이민식 빈첸시오의 삶과 신앙 행적'을 바탕으로 다시 정리했다.

급하기 위해 설치된 관아) 건너편에 가매장했다가 다시 왜고개(현 국군중앙성당 자리)로 옮겼다. 그리고 10월 26일 성인의 시신을 다시 파내 5일 동안의 운구 끝에 10월 30일 미리내 교우촌 이민식(빈첸시오)의 선산에 안장한다.

김대건 성인의 시신이 미리내까지 오게 된 것은 성인의 순교 소식을 들은 미리내 교우촌의 교우들이 성인의 시신을 미리내로 모시기로 하고 당시 17살의 건장한 청년 이민식에게 그 일을 맡긴 데 따른 것이다. 미리내 교우들은 서울의 교우들과 사전에 교감했음이 분명하다.

이민식은 성인보다 만 9년이 늦은 1829년 8월 21일 미리내에서 이동서(프란치스코)와 김 막달레나 사이에 태어났다. 묘하게도 태어난 날짜가 같다. 그 집안은 원래 충청도 예산군 고덕면 몽골리 함평 이씨 집성촌에서 살았으나 조부 때에 아산 지방으로 옮겨갔다가 1827년 정해 박해의 바람이 아산 지역까지 미치자 미리내로 피해 와 살게 된 것이다.

김대건 성인이 사제가 되어 귀국해 경기도 용인과 안성 일대의 교우촌들을 순방할 때 이민식은 복사 청년으로 성인을 수행했다고 전해온다. 이렇게 조선의 첫 사제를 가까이에서 모셨기에 이민식은 미리내 교우촌의 어른들이 성인의 시신을 모시고 오라는 일을 맡겼을 때 위험을 무릅쓰고 기꺼이 나설 수 있었을 것이다.

미리내에 있는 이민식 빈첸시오 묘지.

성인의 시신을 옮기는 일에 이민식이 새남터에서부터 관여했는지, 아니면 왜고개에서 미리내까지 옮기는 과정에서 관여했는지는 정확하게 확인할 길이 없다. 그러나 이민식이 서울로 올라가 성인의 시신을 운구하는 일에 참여하고 미리내에 있는 자신의 선산에 성인을 모신 것은 부인할 수 없는 사실이다. 성인을 모신 묘지 산은 미리내에 살던 함평 이씨 선산이었고, 이민식은 17살이었지만 부친과 숙부마저 세상을 떠난 뒤여서 종손으로서 성인 묘소를 문중 선산에 마련할 수 있었을 것이다.

이민식이 선종 전인 1921년 당시 오기선 신학생과 대담에서 밝힌 김대건 성인의 운구 경로는 새남터-노량나루-흑석동-남태령-인덕원고개-하우현고개-판교 너덜이고개-분당 태재고개-오포삼거리-삼막골 말치고개-양지 한터 음달안-은이성지-어은이고개(신덕고개)-해살이고개(망덕고개)-검은정이-시궁산오두재(애덕고개)-미리내 묘역으로 이어지는데, 대략 200리 길(80㎞)에 이른다.

이민식은 성인을 선산에 모신 후 묘지를 관리하면서 평생 독신으로 지냈다. 1850~60년대에 미리내가 선교사들의 피신처이자 사목 거점이 되면서 이민식은 선교사들을 돕고 여러 평신도 지도자들과도 접촉하면서 교회 일에 참여했다. 특히 오메트르(Pierre Aumaître, 1837~1866, 성인) 신부가 미리내에 온 1865년부터 이듬해 병인박해로 체포될 때까지 그의 복사가 되어 활동하기도 했다.

박해가 끝난 후 이민식은 한때 사제가 될 생각으로 중국으로 건너가 라틴어를 공부했고 1880년대에는 일본에 체류하기도 했으나 결국 뜻을 이루지 못하고 귀국한다. 한동안 서울 약현(중림동)본당 초대 주임 두세(Camille-Eugene Doucet, 1853~1917) 신부의 복사를 지내다가 고향으로 돌아온 그는 재산을 교회에 헌납하고 1921년 검은정이(경기 용인시 처인구 이동면 묵리)에서 92세로 선종한다.

이민식은 자신이 시신을 운구하고 선산에 모신 김대건 성인의 묘 옆에 안장된다.

9. 어머니 고 우르술라와
동생 김난식

    김대건 성인의 어머니 고 우르술라(1798~1864)는 장흥 고 씨 집안이라는 것 외에 출신 배경이나 생애에 대해서는 알려진 바가 거의 없다.

    고 우르술라가 성인의 아버지(김제준 이냐시오)와 언제 혼인했는지도 알 수 없으나 혼인해서 충청도 솔뫼에서 살 때인 1821년에 성인을 낳았다. 성인의 어릴 때 이름 재복(再福), 곧 '두 번째 복'이라는 뜻임을 고려한다면, 첫아들이 있었는데 어릴 때 죽은 다음에 성인을 낳았으리라는 추정도 가능하다. 그렇다면 어머니 고 우르술라는 더욱 각별하게 성인을 키웠을 것이다.

    1827년 정해박해를 피해 가족이 서울 청파동을 거쳐 용인 한덕골(용인시 처인구 이동면 묵리)로 옮겨다니던 때에 성인의 동생 난식 프란치스코가 태어난다. 성인에게는 또 누이가 있었는데 이 누이에 대해서도 구체적으로 알려진 것은 거의 없다.

고 우르술라는 남편이 은이공소 회장직을 수행하고 있을 때인 1836년 7월 신학생으로 선발된 아들을 서울로 떠나보낸다. 그러나 맏아들을 하느님께 바친 조선 첫 사제의 어머니라는 영예와 달리 우르술라는 비련의 운명을 짊어진 여인이 되고 만다.

3년 후 1839년 기해박해가 일어나면서 남편이 체포돼 순교한다. 남편이 붙잡힌 것은 사위의 밀고에 의한 것이어서 우르술라의 충격은 더욱 컸을 것이다. 우르술라는 의탁할 곳 없는 비참한 몸이 되어 교우들 집을 이곳저곳 떠돌아다니는 처지가 됐다. 김대건 성인은 마카오 생활을 마치고 요동 반도 백가점에서 지내면서 첫 번째 조선 입국로 탐사를 나선 1842년 12월 말에 국경 지역인 중국 봉황성 변문에서 만난 조선 밀사 김 프란치스코에게서 이 소식을 들었다.

약 2년 후인 1845년 1월 부제의 신분으로 마침내 조선 입국에 성공한 성인은 4개월 가까이 서울에서 지낸다. 이집 저집으로 교우들 집을 떠돌아다니는 어머니의 모습이 눈에 밟혔을 테지만, 성인은 어머니를 만나러 가기는커녕 교우들이 어머니를 모시고 오는 것조차 못 하게 했다. 모자간 육친의 정이 하느님의 뜻을 이루려는 더 큰 사명을 수행하는 데 방해가 될까 해서였다.

성인이 어머니를 만난 것은 사제가 되어 돌아온 1845년 10월 이

미리내에 있는 고 우르술라 묘지.

후였다. 서울에 거처를 정하고 서울과 경기도 일원의 교우들을 찾아 사목하는 가운데 골배마실에서 살던 어머니를 찾았고 며칠 동안 얼굴을 볼 수 있었다. 성인은 골배마실 인근 은이공소에서 1846년 부활절 미사를 봉헌한 후 서울로 올라가는데 이때가 어머니 우르술라와 성인의 마지막 만남이었을 것이다. 이후 성인은 서해를 통한 선교사 입국로를 개척하다가 그해 6월 붙잡혔고 9월 16일 새남터에서 순교하기 때문이다.

성인은 감옥에서 쓴 편지에서 최양업에게 어머니 고 우르술라를 특별히 부탁했고, 교구장 페레올 주교에게는 이렇게 썼다.

"제 어머니 (고) 우르술라를 주교님께 부탁드립니다. 10년이 지나 며칠 동안 아들을 볼 수 있었으나 다시 곧 아들과 헤어져야 했습니다. 부디 슬퍼하실 어머니를 위로해 주십시오."

(스무 번째 서한)

십 년 동안 보지 못하다가 마침내 사제가 되어 나타난 아들과의 만남은 우르술라에게는 더할 나위 없는 기쁨이었을 것이다. 사제 아들과의 만남은 사위의 배반과 남편의 순교로 인한 충격에서 벗어나

회문산 자락 김난식과 김현채 묘소를 가리키는 표지와 묘소.

게 해주었을지 모른다. 그러나 그것도 잠시, 아들의 체포와 순교는
고 우르술라를 더욱 깊은 상심으로 몰아넣었다.

이후 고 우르술라의 소식은 제대로 알 길이 없다. 막내아들 난식
과 함께 이집 저집 전전하면서 살았다는 이야기가 전해진다. 고 우
르술라는 1864년 생을 마감했고, 미리내 김대건 성인 묘 옆에 안장
된다. 죽어서야 비로소 아들 곁에 있게 된 것이다.

성인의 동생 난식은 어머니와 함께 지내다가 안동 김씨와 혼인해
살았지만, 일찍 사별하는 바람에 다시 혼자가 되었다. 그는 어머니
가 돌아가신 후 1866년 병인박해가 일어나자 박해를 피해 조카 김
현채(토마스)와 함께 전라도 정읍 회문산 자락, 지금은 없어진 먹구
니 마을로 들어가 살다가 1873년에 세상을 떠난다. 그곳에는 김난
식과 김현채의 묘가 있어 때때로 찾아오는 순례자들을 맞고 있다.

10. 순교자와 배교자, 임치백과 이재의

임치백

    그들도 김대건 성인의 '벗'이라고 부를 수 있다면, 그 벗들 가운데 아주 대조되는 두 사람이 있다. 한 사람은 외인으로서 3개월도 채 되지 않은 짧은 기간 동안, 그것도 감옥에서 성인을 만났는데 성인에게 세례를 받고 마침내는 성인과 함께 순교의 화관을 썼고 성인과 함께 성인 반열에 들었다. 다른 한 사람은 우리나라 첫 세례자 이승훈(베드로, 1756~1801)의 후손으로 김대건 성인이 부제일 때부터 알고 지냈고 성인의 순교 이후에도 교회를 위해 많은 일을 했지만, 어느 순간 배교했고 나중에는 국사범으로 처형되고 말았다. 임치백(요셉, 1803~1846) 과 이재의(토마스,1808~1868)가 그 두 사람이다.

202

임치백은 1846년 5월 김대건 성인이 페레올 주교의 명에 따라 서해 해로를 통한 선교사 입국로를 개척하기 위해 교우들과 함께 마포에서 배를 타고 출발했을 때 그 배 선주였던 임성룡(베드로)의 부친이다. 서울 한강 부근 마을의 부유한 집 외아들로 태어난 임치백은 1830년쯤 천주교를 처음 알게 돼 호감을 두었으나 아직 때가 되지 않았는지 입교할 만큼 깊이 관계하지는 않았다. 그러나 1835년 그의 마을에 작은 박해가 일어나 신자 몇 사람이 붙잡히자 그는 포졸을 자원하여 신자들에게 도움을 주기도 했다.

김대건 성인이 1846년 6월 5일 서해 순위도에서 체포됐을 때 성인과 배를 함께 탔던 임성룡과 엄수도 같이 붙잡혔는데 6월 10일 해주 감영으로 압송된 후 엄수의 자백으로 임치백이 체포된다. 임치백은 6월 21일 김대건 성인이 서울로 압송된 후 우포도청 감옥에서 처음으로 성인을 만난다. 이 만남이 계기가 되어 김대건 성인에게 교리를 배우고 직접 세례를 받은 임치백은 여러 차례 회유와 협박과 모진 고문을 받았으나 끝까지 배교하지 않고 신앙을 증언한다.

김대건 성인이 순교한 지 며칠 후 낮부터 저녁까지 모진 매를 맞은 후 임치백은 감옥에서 교살형으로 순교한다. 1846년 9월 20일, 그의 나이 43세였다. 임치백은 1925년 7월 5일 김대건 성인과 함께 복자품에 올랐고, 1984년 5월 6일 역시 김대건 성인과 함께 성인품에 올랐다.

이재의는 이승훈의 손자다. 이승훈의 세 아들 가운데 셋째인 신규(마티아)만 아버지를 따라 천주교 신앙을 받아들였는데, 이재의는 첫째인 택규의 아들이었다. 할아버지 이승훈이 사학 원흉으로 지목돼 1801년 서소문 밖에서 참수형을 당한 지 7년 후인 1808년 경기도 남양에서 태어난 이재의는 4살 때 부모를 여의고 어렵게 성장했으나 20대 후반이 되면서 천주교에 관심을 두게 됐고 1837년 정하상의 집에서 반년 이상 지내면서 그에게 교리를 배웠다. 그리고 앵베르 주교에게서 세례를 받은 후에는 주교의 복사로 활동하며 비밀리에 신학 교육을 받기도 했다. 1839년 기해박해로 앵베르 주교가 순교한 후에는 현석문을 도와 교회 부흥에 힘쓰는 한편 기해박해 순교자들의 행적을 기록한《기해일기》 편찬에도 힘을 보탰다.

이재의는 1845년 1월 김대건 성인이 부제가 되어 입국했을 때 성인을 맞으러 평양까지 갔고 그곳에서 처음으로 성인을 만나게 된다. 이후 성인이 라파엘호를 타고 상해로 건너갈 때 성인을 수행한 이재의는 상해에서 성인의 사제 서품식에 참여한 다음 페레올 주교, 다블뤼 신부, 그리고 김대건 성인을 모시고 귀국하고 나서는 페레올 주교의 복사가 되어 활동한다. 1846년 김대건 성인이 체포되면서 병오박해가 일어났을 때 이재의는 쫓기는 신세가 됐으나 몸을 숨겨 박해를 피한다.

1853년 페레올 주교가 과로로 발병해 선종한 후 이재의는 숙부 이신규가 약국을 하는 제물포로 내려가 의업(醫業)으로 생계를 이어간다. 무슨 연유인지 이때부터 그는 교회와 거리를 두면서 냉담 교인으로 행세한다.

병인박해 때인 1868년에 체포된 그는 자신이 한때 신자로서 활동했으나 배교를 한 지 오래고 지금은 교회와 아무런 상관이 없다고 주장하면서 천주교 신자를 가려내는 법까지 알려준다. 하지만 이전 활동이 '모반부도죄'에 걸려 결국 서소문 밖에서 숙부 이신규와 함께 참수형을 당한다. 그는 왜 배교했을까?

한편 숙부 이신규는 1839년 기해박해 때 체포됐다가 배교를 하는 바람에 풀려났는데 김대건 성인의 체포가 계기가 되어 일어난 병오박해 때 다시 체포됐다. 이때 성인은 이신규에 대해 "지금은 용기로 가득 차 순교자로 죽기를 원하고 있다"(스무 번째 서한)고 기록한 바 있다. 안타깝게도 이신규는 얼마 후에 다시 배교해 풀려났고 제물포로 내려가 살았다. 하지만 이신규는 병인박해 때 다시 붙잡혀 '모반부도죄'로 조카와 함께 서소문에서 처형된다. 이승훈과 이신규, 이재의 3대가 같은 서소문 형장에서 숨을 거둔 것이다.

이창훈 기자, 발로 쓴

성 김대건 신부

교회인가 | 2021년 11월 12일
초판 1쇄 인쇄 | 2021년 11월 20일
초판 1쇄 발행 | 2021년 11월 30일

지은이 | 이창훈
펴낸이 | 김정동
펴낸 곳 | 서교출판사
주소 | 서울시 마포구 성지길(합정동) 25-20 덕준빌딩 2F
등록번호 | 제 10-1534호
등록일 | 1991년 9월 12일

전화 | 02 3142 1471(대)
팩스 | 02 6499 1471

홈페이지 | http://seokyobook.com
인스타그램 | @seokyobooks
페이스북 | @seokyobooks
이메일 | seokyobook@gmail.com
ISBN | 979-11-89729-57-8 03190